PROJECT 531

수학은 쉽게

수준별 단기 특강서

수학Ⅱ E

STAFF

발행인	정선욱	
퍼블리싱 총괄	남형주	
개발	김태원 김한길 이유미 권오은	
기획 · 디자인 · 마케팅	조비호 김정인 서재영	
유통 · 제작	서준성 신성철	

531 PROJECT 수학 II EASY
201904 초판 1쇄   202308 초판 4쇄
펴낸곳 이투스에듀(주) 서울시 서초구 남부순환로 2547
고객센터 1599-3225
등록번호 제2007-000035호
ISBN 979-11-6442-040-7[53410]

531 PROJECT와 함께라면
쉽고 빠르게 성적을 올릴 수 있습니다!

531 PROJECT는 쉽게 익히고, 빠르게 다지고, 확실히
성적을 올릴 수 있는 영역별 단기 특강 교재입니다.

쉽게 E

531 PROJECT 중 가장 쉽게 개념과 원리를 익힐 수 있는 교재입니다.

하나 단원별 꼭 알아야 하는 핵심 개념과 이론을 충실하게 기술한 교재입니다.

둘 핵심 개념별로 출제 빈도수가 높은 대표 유형 중 학교 내신 문제 또는 수능 2, 3점으로 출제 가능한 문제를 집중 학습할 수 있는 교재입니다.

셋 문제 풀이를 통하여 학습한 내용을 완벽하게 습득할 수 있도록 친절하고 상세한 해설과 첨삭을 덧붙인 교재입니다.

빠르게 S

531 PROJECT 중 가장 빠르게 빈출 유형을 다질 수 있는 교재입니다.

하나 단원별 꼭 알아야 하는 핵심 개념은 물론 빈출 유형을 집중적으로 학습할 수 있는 교재입니다.

둘 단원별로 주로 다루어지는 빈출 유형 중 학교 내신 문제 또는 수능 3, 4점으로 출제 가능한 문제를 집중 학습할 수 있는 교재입니다.

셋 문제 풀이를 통하여 유형별 해결 능력을 확실하게 다질 수 있도록 친절하고 상세한 해설과 첨삭을 덧붙인 교재입니다.

우월하게 H

531 PROJECT 중 가장 심도 있는 학습으로 최고 실력을 가늠할 수 있는 교재입니다.

하나 단원별 꼭 알아야 하는 핵심 개념은 물론 심화 유형을 집중적으로 학습할 수 있는 교재입니다.

둘 두 가지 이상의 개념을 사용해야 해결할 수 있는 심화 유형 중 내신 또는 수능 고난도 문항으로 출제 가능한 문제를 집중 학습할 수 있는 교재입니다.

셋 문제 풀이를 통하여 상위권 유형 및 킬러 문제에 대비할 수 있도록 친절하고 상세한 해설을 담은 교재입니다.

이 책의 구성과 특징

Structure

01

| 교과서 핵심 개념 |

- 교과서 핵심 개념을 세부적으로 구분하여 제공하였습니다.
- 개념과 관련된 문제 유형 번호를 링크하여 해당하는 유형을 바로 학습할 수 있습니다.
- 중요한 개념에 대해서는 '중요'라고 표시하여 학습에 좀 더 집중할 수 있도록 하였습니다.

02

| 대표 유형 익히기 |

- 교과서 핵심 개념 별로 출제될 수 있는 대표적인 문제들을 유형별로 구분하여 제공하였습니다.
- 대표 유형에 대한 쌍둥이 문제를 제공하여 해당 유형을 반복 학습할 수 있도록 하였습니다.

개념 Feedback
이미 배웠던 학습 내용 중에서 복습이 필요한 개념 및 용어 등을 제공하였습니다.

개념 Plus
개념에 대한 추가적인 설명을 담아 좀 더 쉽게 개념을 이해할 수 있도록 하였습니다.

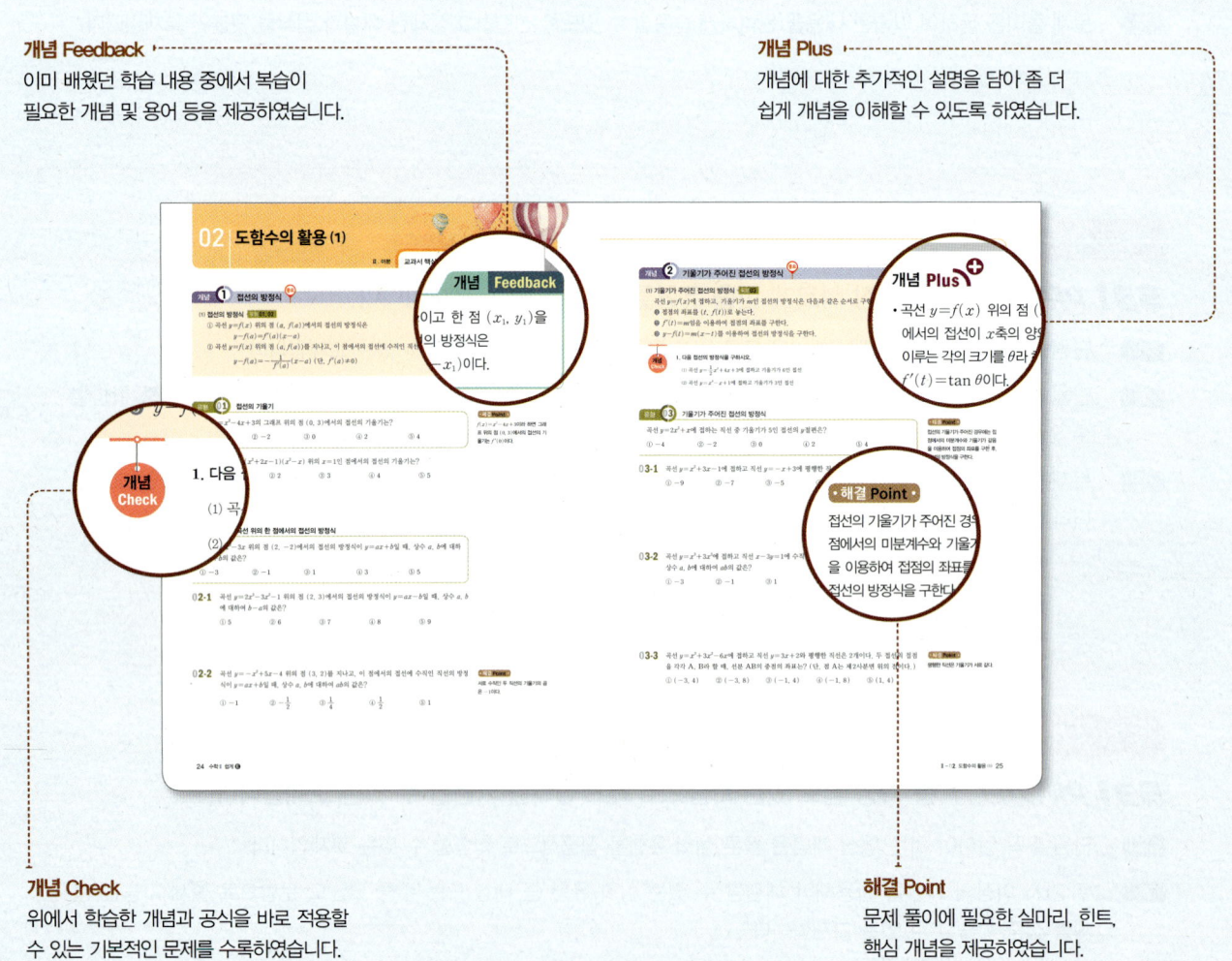

개념 Check
위에서 학습한 개념과 공식을 바로 적용할 수 있는 기본적인 문제를 수록하였습니다.

해결 Point
문제 풀이에 필요한 실마리, 힌트, 핵심 개념을 제공하였습니다.

03

| 대표 유형 다지기 |

- 앞에서 학습한 대표 유형의 유사 문제들을 제공하여 해당 유형을 반복적으로 학습하여 자신의 것으로 만들 수 있도록 하였습니다.
- 꼭 풀어봐야 하는 문제에 '중요'라고 표시하여 해당 문항의 풀이에 좀 더 집중할 수 있도록 하였습니다.

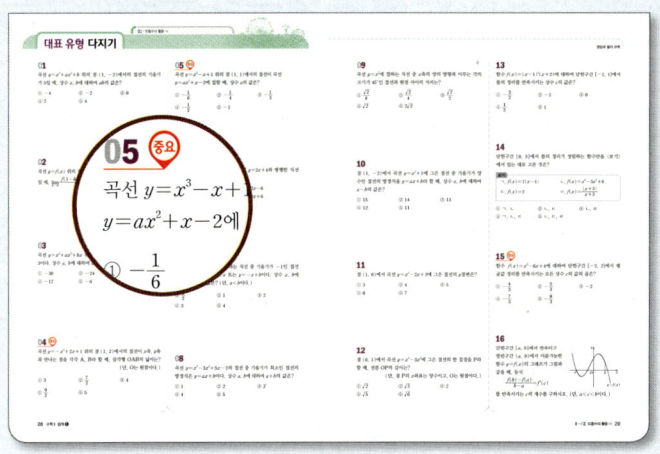

04

| 정답과 풀이 |

- 모든 문항을 상세하게 풀이하여 오답의 이유를 스스로 찾을 수 있도록 하였습니다.
- [다른 풀이] 및 [보충 설명]을 제시하여 다양한 사고를 할 수 있도록 하였습니다.

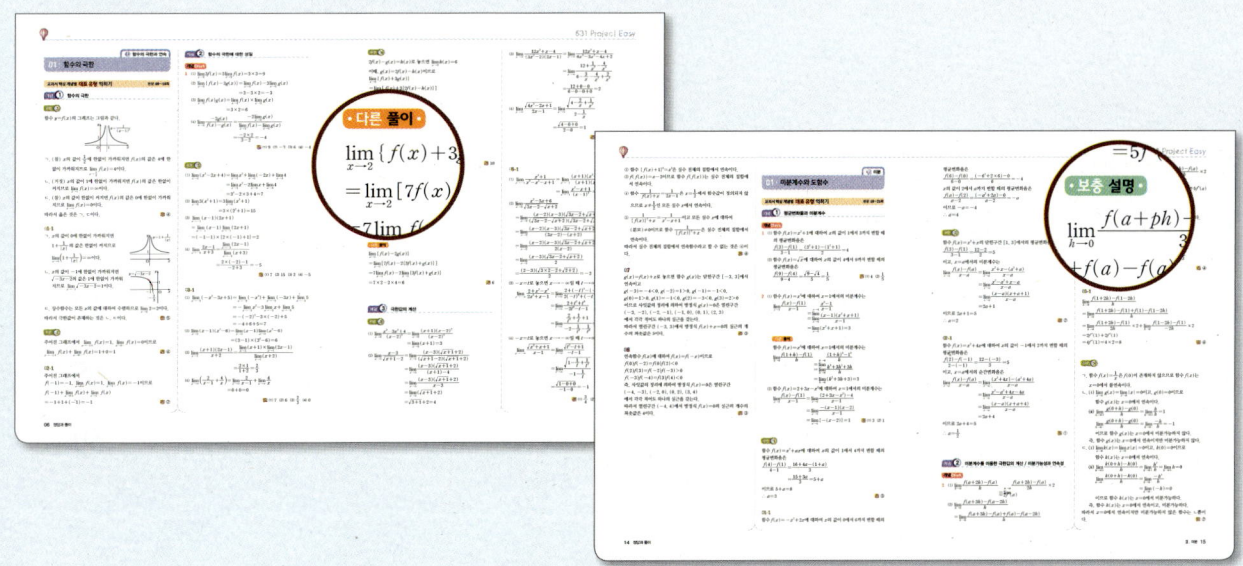

Contents

I

함수의 극한과 연속

개념 ① 함수의 극한

(1) 함수의 극한 유형 01

함수 $f(x)$에서 x가 a와 다른 값을 가지면서 a에 한없이 가까워질 때, $f(x)$의 값이 일정한 값 α에 한없이 가까워지면 '함수 $f(x)$는 α에 수렴한다.'고 하고, α를 x의 값이 a에 한없이 가까워질 때 함수 $f(x)$의 극한 또는 극한값이라 한다. 이것을 기호로 다음과 같이 나타낸다.

$$\lim_{x \to a} f(x) = \alpha \text{ 또는 } x \to a \text{일 때 } f(x) \to \alpha$$

(2) 우극한과 좌극한 유형 02

우극한과 좌극한이 모두 존재하고 그 값이 같으면 극한값이 존재한다고 한다. 즉,

$$\lim_{x \to a+} f(x) = \lim_{x \to a-} f(x) = \alpha \iff \lim_{x \to a} f(x) = \alpha \text{ (단, } \alpha \text{는 실수)}$$

개념 Plus ➕

- 상수함수 $f(x)=c$ (c는 상수)는 모든 실수 a에 대하여 $\lim\limits_{x \to a} f(x) = c$이다.
- $f(x)$가 다항함수일 때, $\lim\limits_{x \to a} f(x) = f(a)$로 계산한다.
- $x=a$에서의 함숫값 $f(a)$가 정의 되지 않아도 $\lim\limits_{x \to a} f(x)$의 값은 존재할 수 있다.

유형 01 함수의 극한

함수 $f(x) = \dfrac{1}{(x-1)^2}$에 대하여 옳은 것만을 〈보기〉에서 있는 대로 고른 것은?

보기

ㄱ. $\lim\limits_{x \to \frac{1}{2}} f(x) = 4$ ㄴ. $\lim\limits_{x \to 1} f(x) = 0$ ㄷ. $\lim\limits_{x \to \infty} f(x) = 0$

① ㄱ   ② ㄷ   ③ ㄱ, ㄴ   ④ ㄱ, ㄷ   ⑤ ㄱ, ㄴ, ㄷ

해결 Point

함수 $y=f(x)$의 그래프를 그려 보고, 그래프에서 x의 값이 변함에 따라 y의 값이 어떻게 변하는지를 살펴본다.

01-1 극한값이 존재하는 것만을 〈보기〉에서 있는 대로 고른 것은?

보기

ㄱ. $\lim\limits_{x \to 0} \left(1 + \dfrac{1}{|x|}\right)$ ㄴ. $\lim\limits_{x \to -1} \sqrt{-3x-2}$ ㄷ. $\lim\limits_{x \to 2} 2$

① ㄱ   ② ㄴ   ③ ㄷ   ④ ㄱ, ㄷ   ⑤ ㄴ, ㄷ

유형 02 우극한과 좌극한

정의역이 $\{x \mid -1 \le x \le 2\}$인 함수 $y=f(x)$의 그래프가 그림과 같을 때, $\lim\limits_{x \to -1+} f(x) + \lim\limits_{x \to 0-} f(x)$의 값은?

① -2 ② -1 ③ 0
④ 1 ⑤ 2

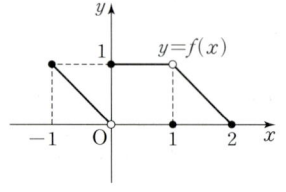

해결 Point

$x \to a+$는 그래프에서 x의 값이 a보다 큰 쪽(오른쪽)에서 a에 가까워지는 것이고,
$x \to a-$는 그래프에서 x의 값이 a보다 작은 쪽(왼쪽)에서 a에 가까워지는 것이다.

02-1 정의역이 $\{x \mid -1 \le x \le 2\}$인 함수 $y=f(x)$의 그래프가 그림과 같을 때, $f(-1) + \lim\limits_{x \to 0+} f(x) + \lim\limits_{x \to 1-} f(x)$의 값은?

① -2 ② -1 ③ 0
④ 1 ⑤ 2

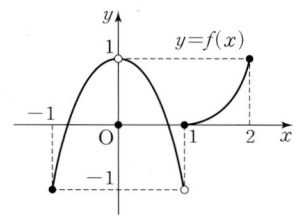

개념 ② 함수의 극한에 대한 성질

(1) 함수의 극한에 대한 성질 · 유형 03, 04

두 함수 $f(x)$, $g(x)$에 대하여 $\lim\limits_{x \to a} f(x) = \alpha$, $\lim\limits_{x \to a} g(x) = \beta$ (α, β는 실수)일 때

① $\lim\limits_{x \to a} cf(x) = c\alpha$ (단, c는 상수)

② $\lim\limits_{x \to a} \{f(x) \pm g(x)\} = \alpha \pm \beta$ (복부호동순)

③ $\lim\limits_{x \to a} f(x)g(x) = \alpha\beta$

④ $\lim\limits_{x \to a} \dfrac{f(x)}{g(x)} = \dfrac{\alpha}{\beta}$ (단, $\beta \neq 0$)

⑤ a에 가까운 모든 x에 대하여

(i) $f(x) \leq g(x)$이면 $\lim\limits_{x \to a} f(x) \leq \lim\limits_{x \to a} g(x)$, 즉 $\alpha \leq \beta$이다.

(ii) 함수 $h(x)$에 대하여 $f(x) \leq h(x) \leq g(x)$이고 $\alpha = \beta$이면 $\lim\limits_{x \to a} h(x) = \alpha$이다.

개념 Plus➕

· 함수의 극한에 대한 성질은 극한값이 존재할 때에만 성립한다.

· 함수의 극한에 대한 성질은 $x \to a$가 $x \to \infty$, $x \to -\infty$, $x \to a+$, $x \to a-$일 때에도 성립한다.

개념 Check

1. 두 함수 $f(x)$, $g(x)$에 대하여 $\lim\limits_{x \to 2} f(x) = 3$, $\lim\limits_{x \to 2} g(x) = 2$일 때, 다음 극한값을 구하시오.

(1) $\lim\limits_{x \to 2} 3f(x)$

(2) $\lim\limits_{x \to 2} \{f(x) - 3g(x)\}$

(3) $\lim\limits_{x \to 2} f(x)g(x)$

(4) $\lim\limits_{x \to 2} \dfrac{-2g(x)}{f(x) - g(x)}$

유형 ③ 함수의 극한에 대한 성질 (1)

다음 극한값을 구하시오.

(1) $\lim\limits_{x \to 3} (x^2 - 2x + 4)$

(2) $\lim\limits_{x \to 2} 3(x^2 + 1)$

(3) $\lim\limits_{x \to -1} (x-1)(2x+1)$

(4) $\lim\limits_{x \to -2} \dfrac{2x-1}{x+3}$

· 해결 Point ·

함수의 극한에 대한 성질을 이용하여 극한값을 구한다.

03-1 다음 극한값을 구하시오.

(1) $\lim\limits_{x \to -2} (-x^2 - 3x + 5)$

(2) $\lim\limits_{x \to 3} (x-1)(x^2 - 6)$

(3) $\lim\limits_{x \to 1} \dfrac{(x+1)(2x-1)}{x+2}$

(4) $\lim\limits_{x \to \infty} \left(\dfrac{2}{x-1} + \dfrac{4}{x} \right)$

유형 ④ 함수의 극한에 대한 성질 (2)

두 함수 $f(x)$, $g(x)$에 대하여

$$\lim\limits_{x \to 2} f(x) = 4, \quad \lim\limits_{x \to 2} \{2f(x) - g(x)\} = 6$$

일 때, $\lim\limits_{x \to 2} \{f(x) + 3g(x)\}$의 값을 구하시오.

· 해결 Point ·

$2f(x) - g(x) = h(x)$로 놓으면 $g(x) = 2f(x) - h(x)$이고 $\lim\limits_{x \to 2} h(x) = 6$임을 이용하여 극한값을 구한다.

04-1 두 함수 $f(x)$, $g(x)$에 대하여

$$\lim\limits_{x \to 1} f(x) = 2, \quad \lim\limits_{x \to 1} \{3f(x) + g(x)\} = 4$$

일 때, $\lim\limits_{x \to 1} \{f(x) - 2g(x)\}$의 값을 구하시오.

개념 ③ 극한값의 계산

(1) $\dfrac{0}{0}$ 꼴의 극한값 [유형 05]

① 분수식 : 분모, 분자가 모두 다항식인 경우에는 분모, 분자를 각각 인수분해하여 공통인 인수로 약분한다.

② 무리식 : 분모, 분자 중 근호를 포함하는 부분을 유리화한다.

(2) $\dfrac{\infty}{\infty}$ 꼴의 극한값 [유형 05]

분모의 최고차항으로 분모, 분자를 각각 나눈다.

(3) $\infty - \infty$ 꼴의 극한값 [유형 06]

① 다항식 : 최고차항으로 묶어 내어 극한값을 구하면 ∞ 또는 $-\infty$로 발산한다.

② 무리식 : 유리화한다.

(4) $\infty \times 0$ 꼴의 극한값 [유형 06]

분수식은 통분하고, 무리식은 유리화하여 $\dfrac{0}{0}$ 꼴 또는 $\dfrac{\infty}{\infty}$ 꼴로 변형한다.

개념 Plus ➕

- ① $\displaystyle\lim_{x \to a} \dfrac{(분자)}{(분모)} = \alpha$ (α는 실수)이고
  $x \to a$일 때 (분모)$\to 0$이면
  (분자)$\to 0$이다.

  ② $\displaystyle\lim_{x \to a} \dfrac{(분자)}{(분모)} = \alpha$ ($\alpha \neq 0$)이고
  $x \to a$일 때 (분자)$\to 0$이면
  (분모)$\to 0$이다.

- $\dfrac{\infty}{\infty}$ 꼴의 극한값
  ① (분모의 차수) < (분자의 차수)
  ➡ ∞ 또는 $-\infty$로 발산
  ② (분모의 차수) = (분자의 차수)
  ➡ 최고차항의 계수의 비로 수렴
  ③ (분모의 차수) > (분자의 차수)
  ➡ 0으로 수렴

유형 05 $\dfrac{0}{0}$ 꼴, $\dfrac{\infty}{\infty}$ 꼴의 극한

다음 극한값을 구하시오.

(1) $\displaystyle\lim_{x \to 2} \dfrac{x^3 - 3x^2 + 4}{(x-2)^2}$

(2) $\displaystyle\lim_{x \to 3} \dfrac{x - 3}{\sqrt{x+1} - 2}$

(3) $\displaystyle\lim_{x \to \infty} \dfrac{12x^3 + x - 4}{(3x^2 - 2)(2x - 1)}$

(4) $\displaystyle\lim_{x \to \infty} \dfrac{\sqrt{4x^2 - 2x + 1}}{2x - 1}$

• 해결 Point •

$\dfrac{0}{0}$ 꼴의 극한은 분자, 분모를 인수분해하여 약분하거나 근호를 포함하는 식을 유리화하여 구하고, $\dfrac{\infty}{\infty}$ 꼴의 극한은 분모의 최고차항으로 분모, 분자를 각각 나누어 구한다.

05-1 다음 극한값을 구하시오.

(1) $\displaystyle\lim_{x \to -1} \dfrac{x^3 + 1}{x^3 - x^2 - x + 1}$

(2) $\displaystyle\lim_{x \to 2} \dfrac{x^2 - 5x + 6}{\sqrt{3x - 2} - \sqrt{x + 2}}$

(3) $\displaystyle\lim_{x \to -\infty} \dfrac{2 + x^2 - x^3}{2x^3 + x - 1}$

(4) $\displaystyle\lim_{x \to -\infty} \dfrac{\sqrt{x^2 + x + 1}}{x - 1}$

유형 06 $\infty - \infty$ 꼴, $\infty \times 0$ 꼴의 극한

다음 극한값을 구하시오.

(1) $\displaystyle\lim_{x \to \infty} (\sqrt{x^2 + 2x} - \sqrt{x^2 - 1})$

(2) $\displaystyle\lim_{x \to 0} \dfrac{1}{x}\left(\dfrac{1}{2} - \dfrac{1}{x + 2}\right)$

(3) $\displaystyle\lim_{x \to \infty} (\sqrt{x^2 - x + 1} - x)$

(4) $\displaystyle\lim_{x \to \infty} x\left(\dfrac{\sqrt{x - 1}}{\sqrt{x}} - 1\right)$

• 해결 Point •

$\infty - \infty$ 꼴의 무리식일 때, 분모를 1이라 생각하고 분자를 유리화한다.

$\infty \times 0$ 꼴의 분수식일 때, 괄호 안을 통분한다.

06-1 다음 극한값을 구하시오.

(1) $\displaystyle\lim_{x \to \infty} (\sqrt{2x^2 + x + 5} - \sqrt{2x^2 - 3x + 1})$

(2) $\displaystyle\lim_{x \to \infty} x\left(1 - \dfrac{\sqrt{x + 1}}{\sqrt{x}}\right)$

(3) $\displaystyle\lim_{x \to -\infty} (\sqrt{x^2 - 2x} + x)$

(4) $\displaystyle\lim_{x \to \infty} x^2\left(1 - \dfrac{x}{\sqrt{x^2 + 6}}\right)$

대표 유형 다지기

정답과 풀이 09쪽

01

함수 $f(x)=\dfrac{1}{|x|}$에 대하여 $y=f(x)$의 그래프가 그림과 같을 때, 옳은 것만을 〈보기〉에서 있는 대로 고른 것은?

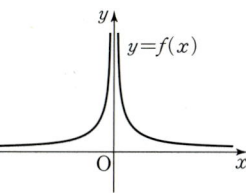

보기

ㄱ. $\lim\limits_{x \to -1} f(x)=1$

ㄴ. $\lim\limits_{x \to 0} f(x)=0$

ㄷ. $\lim\limits_{x \to -\infty} f(x)=0$

① ㄱ   ② ㄴ   ③ ㄱ, ㄴ

④ ㄱ, ㄷ   ⑤ ㄴ, ㄷ

02

극한값이 존재하는 것만을 〈보기〉에서 있는 대로 고른 것은?

보기

ㄱ. $\lim\limits_{x \to \infty} \dfrac{1}{x}$

ㄴ. $\lim\limits_{x \to -\infty} (-\sqrt{-x}+2)$

ㄷ. $\lim\limits_{x \to \infty} \left(1-\dfrac{1}{x^2}\right)$

① ㄱ   ② ㄱ, ㄴ   ③ ㄱ, ㄷ

④ ㄴ, ㄷ   ⑤ ㄱ, ㄴ, ㄷ

03

함수 $y=f(x)$의 그래프가 그림과 같을 때, 옳은 것만을 〈보기〉에서 있는 대로 고른 것은?

보기

ㄱ. $\lim\limits_{x \to 0+} f(x)=2$

ㄴ. $\lim\limits_{x \to -1-} f(x)=-1$

ㄷ. $\lim\limits_{x \to 2+} f(x) = \lim\limits_{x \to 2-} f(x)$

① ㄱ   ② ㄴ   ③ ㄱ, ㄴ

④ ㄴ, ㄷ   ⑤ ㄱ, ㄴ, ㄷ

04 〔중요〕

정의역이 $\{x \mid -1 \le x \le 3\}$인 함수 $y=f(x)$의 그래프가 그림과 같다. $\lim\limits_{x \to 1-} f(x) + \lim\limits_{x \to 2+} f(x)$의 값은?

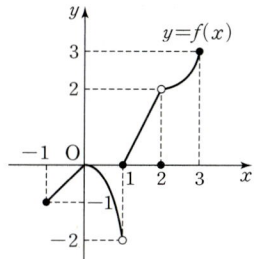

① -2 ② -1

③ 0 ④ 1

⑤ 2

05

함수 $f(x)=\begin{cases} 2x+1 & (x<2) \\ x^2-x+k & (x \ge 2) \end{cases}$에 대하여 $\lim\limits_{x \to 2} f(x)$의 값이 존재하도록 하는 상수 k의 값을 구하시오.

06 〔중요〕

함수 $f(x)=\begin{cases} ax+b & (x<1) \\ x^2+3x+a & (x \ge 1) \end{cases}$에 대하여 $\lim\limits_{x \to 1} f(x)$의 값이 존재할 때, b의 값을 구하시오. (단, a, b는 상수이다.)

07

함수 $y=f(x)$의 그래프가 그림과 같을 때, 옳은 것만을 〈보기〉에서 있는 대로 고른 것은?

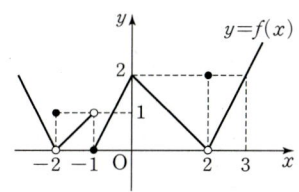

보기

ㄱ. $\lim\limits_{x \to -2} f(x)$의 값이 존재한다.

ㄴ. $\lim\limits_{x \to -1-} f(x)=f(-1)$

ㄷ. $-1<a<3$인 모든 실수 a에 대하여 $\lim\limits_{x \to a} f(x)$의 값이 존재한다.

① ㄱ   ② ㄴ   ③ ㄱ, ㄴ

④ ㄱ, ㄷ   ⑤ ㄴ, ㄷ

08

다항함수 $f(x)$가 $\lim\limits_{x \to 3} \dfrac{f(x)}{x} = 2$를 만족시킬 때,

$\lim\limits_{x \to 3} \dfrac{f(x)+x}{2f(x)-3}$의 값을 구하시오.

09

다항함수 $f(x)$가 $\lim\limits_{x \to 1} \dfrac{f(x-1)}{x-1} = 3$을 만족시킬 때,

$\lim\limits_{x \to 0} \dfrac{3x+f(x)}{x^2-2f(x)}$의 값은?

① -1 ② $-\dfrac{1}{2}$ ③ 0

④ $\dfrac{1}{2}$ ⑤ 1

10 중요

함수의 극한에 대한 설명 중 옳은 것만을 〈보기〉에서 있는 대로 고른 것은?

보기

ㄱ. $\lim\limits_{x \to a}\{f(x)+g(x)\}$, $\lim\limits_{x \to a}\{f(x)-g(x)\}$의 값이 각각 존재하면 $\lim\limits_{x \to a} f(x)$의 값도 존재한다.

ㄴ. $\lim\limits_{x \to a}\{f(x)+g(x)\}$, $\lim\limits_{x \to a}\{f(x)-g(x)\}$의 값이 각각 존재하면 $\lim\limits_{x \to a} g(x)$의 값도 존재한다.

ㄷ. $\lim\limits_{x \to a} f(x)$, $\lim\limits_{x \to a} f(x)g(x)$의 값이 각각 존재하면 $\lim\limits_{x \to a} g(x)$의 값도 존재한다.

① ㄱ   ② ㄱ, ㄴ   ③ ㄱ, ㄷ

④ ㄴ, ㄷ   ⑤ ㄱ, ㄴ, ㄷ

11

다음 극한값 a, b, c에 대하여 $a+b-c^2$의 값을 구하시오.

$$\lim_{x \to 1} \frac{x^2+x-2}{x-1} = a, \quad \lim_{x \to 1} \frac{x-1}{\sqrt{x}-1} = b, \quad \lim_{x \to \infty} \frac{\sqrt{2x^2-1}}{-x+1} = c$$

12

다음 극한값 a, b에 대하여 $2a-b$의 값을 구하시오.

$$\lim_{x \to \infty} (\sqrt{x^2+x}-x) = a$$

$$\lim_{x \to 3} \frac{1}{x-3}\left(\frac{1}{x-2}-1\right) = b$$

13 중요

등식 $\lim\limits_{x \to 2} \dfrac{x^2+ax+b}{x-2} = 5$가 성립하도록 하는 상수 a, b에 대하여 $10a+b$의 값을 구하시오.

14

등식 $\lim\limits_{x \to -1} \dfrac{x^2-1}{x^2+ax+b} = -\dfrac{2}{3}$가 성립하도록 하는 상수 a, b에 대하여 $a+b$의 값은?

① 1 ② 3 ③ 5

④ 7 ⑤ 9

15

함수 $f(x)$가 $x > 0$인 모든 실수 x에 대하여

$$2x^3-x^2+x-3 < f(x) < 2x^3+x^2-x+3$$

을 만족시킬 때, $\lim\limits_{x \to \infty} \dfrac{f(x)+2x+1}{x^3+4}$의 값은?

① 1 ② 2 ③ 3

④ 4 ⑤ 5

정답과 풀이 11쪽

개념 ① 함수의 연속

(1) 함수의 연속 유형 01, 02

함수 $f(x)$가 실수 a에 대하여 다음 세 조건을 만족시킬 때, $f(x)$는 $x=a$에서 연속이라 한다.

① 함숫값 $f(a)$가 정의되어 있다.

② 극한값 $\lim\limits_{x \to a} f(x)$가 존재한다. 즉, $\lim\limits_{x \to a-} f(x) = \lim\limits_{x \to a+} f(x)$

③ $\lim\limits_{x \to a} f(x) = f(a)$

(2) 함수의 불연속

함수 $f(x)$가 $x=a$에서 연속이 아닐 때, 즉 위의 세 가지 조건 중 어느 하나라도 만족시키지 않으면 $f(x)$는 $x=a$에서 불연속이라 한다.

개념 Plus⁺

- 함수 $f(x)$가 어떤 구간에 속하는 모든 실수에서 연속일 때, $f(x)$는 그 구간에서 연속 또는 연속함수라 한다.
- 구간의 뜻과 표현
  ① $\{x | a \leq x \leq b\} \Longleftrightarrow [a, b]$
  ② $\{x | a \leq x < b\} \Longleftrightarrow [a, b)$
  ③ $\{x | a < x \leq b\} \Longleftrightarrow (a, b]$
  ④ $\{x | a < x < b\} \Longleftrightarrow (a, b)$

개념 Check

1. 다음 함수가 $x=0$에서 연속인지 불연속인지 조사하시오.

(1) $f(x) = x^2 - x$

(2) $f(x) = \dfrac{x^2}{x}$

(3) $f(x) = \begin{cases} -x^2 + 1 & (x \neq 0) \\ 0 & (x = 0) \end{cases}$

유형 01 함수의 연속

다음 중 $x=0$에서 불연속인 이유가 <u>다른</u> 하나는? (단, $[x]$는 x보다 크지 않은 최대의 정수이다.)

① $f(x) = \begin{cases} x-1 & (x \leq 0) \\ x+1 & (x > 0) \end{cases}$

② $f(x) = \begin{cases} \dfrac{|x|}{x} & (x \neq 0) \\ -1 & (x = 0) \end{cases}$

③ $f(x) = \begin{cases} \dfrac{x^2 - x}{x} & (x \neq 0) \\ 1 & (x = 0) \end{cases}$

④ $f(x) = \begin{cases} x^2 & (x \leq 0) \\ \sqrt{x} + 1 & (x > 0) \end{cases}$

⑤ $f(x) = [x]$

해결 Point

$\lim\limits_{x \to 0-} f(x)$, $\lim\limits_{x \to 0+} f(x)$, $f(0)$의 값을 각각 구하여 비교해 본다.

01-1 다음 중 모든 실수 x에서 연속인 함수는?

① $f(x) = \dfrac{1}{x+1}$

② $f(x) = \dfrac{x+3}{x^2 - x - 2}$

③ $f(x) = \dfrac{2x^2 + x}{x-1}$

④ $f(x) = \sqrt{x+1}$

⑤ $f(x) = \begin{cases} \dfrac{x^3}{|x|} & (x \neq 0) \\ 0 & (x = 0) \end{cases}$

유형 02 함수가 연속일 조건

함수 $f(x) = \begin{cases} x^2 + 3x + 2 & (x \neq -1) \\ a & (x = -1) \end{cases}$ 이 $x=-1$에서 연속이 되도록 하는 상수 a의 값은?

① -2 ② -1 ③ 0 ④ 1 ⑤ 2

해결 Point

함수 $f(x)$가 $x=-1$에서 연속이 되려면 $\lim\limits_{x \to -1} f(x) = f(-1)$이어야 한다.

02-1 함수 $f(x) = \begin{cases} \dfrac{2x^2 + x + a}{x-1} & (x \neq 1) \\ b & (x = 1) \end{cases}$ 이 $x=1$에서 연속이 되도록 하는 상수 a, b에 대하여 $b-a$의 값을 구하시오.

개념 ② 함수의 그래프와 연속

(1) 함수의 그래프와 연속 유형 03

① 함수 $f(x)$가 $x=a$에서 연속 $\iff$ 함수 $y=f(x)$의 그래프가 $x=a$에서 연결되어 있다.

② 함수 $f(x)$가 $x=a$에서 불연속 $\iff$ 함수 $y=f(x)$의 그래프가 $x=a$에서 끊어져 있다.

(2) 연속함수의 성질 유형 04

두 함수 $f(x)$, $g(x)$가 각각 $x=a$에서 연속이면 다음 각 함수도 $x=a$에서 연속이다.

(1) $cf(x)$ (단, c는 상수) (2) $f(x) \pm g(x)$

(3) $f(x)g(x)$ (4) $\dfrac{f(x)}{g(x)}$ (단, $g(a) \neq 0$)

개념 Plus

• 함수 $f(x)$가 불연속인 점의 개수는 함수 $y=f(x)$의 그래프가 끊어져 있는 점의 개수와 같다.

• 두 함수 $f(x)$, $g(x)$가 $x=a$에서 연속이면 합성함수 $(f \circ g)(x)$는 $g(x)$의 치역이 $f(x)$의 정의역에 포함될 때, $x=a$에서 연속이다.

유형 03 함수의 그래프와 연속

열린구간 $(0, 4)$에서 정의된 함수 $y=f(x)$의 그래프가 그림과 같을 때, 옳은 것만을 〈보기〉에서 있는 대로 고르시오.

보기
ㄱ. $\displaystyle\lim_{x \to 3} f(x) = f(3)$
ㄴ. $x=2$에서 함수 $f(x)$의 극한값이 존재한다.
ㄷ. 함수 $f(x)$가 불연속인 점은 3개이다.

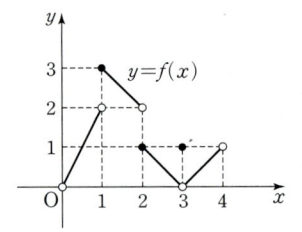

해결 Point

$\displaystyle\lim_{x \to a} f(x)$의 값은 $\displaystyle\lim_{x \to a-} f(x) = \lim_{x \to a+} f(x)$일 때 존재한다.

03-1 함수 $y=f(x)$의 그래프가 그림과 같을 때, 옳은 것만을 〈보기〉에서 있는 대로 고르시오.

보기
ㄱ. $\displaystyle\lim_{x \to 2} f(x) = f(2)$ ㄴ. 함수 $f(x)$가 불연속인 점은 1개이다.
ㄷ. 함수 $(x-1)f(x)$는 $x=1$에서 연속이다.

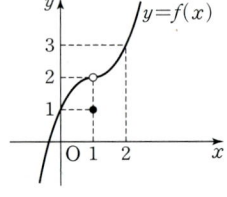

유형 04 연속함수의 성질

두 함수 $f(x)$, $g(x)$가 $x=a$에서 연속일 때, $x=a$에서 연속인 함수만을 〈보기〉에서 있는 대로 고르시오.

보기
ㄱ. $\{f(x)\}^2$ ㄴ. $f(x) - 3g(x)$ ㄷ. $\dfrac{g(x)}{f(x)}$

해결 Point

연속함수의 성질을 이용하여 각 함수가 $x=a$에서 연속인지 확인한다.

04-1 두 함수 $f(x)$, $g(x)$가 $x=a$에서 연속일 때, $x=a$에서 연속인 함수만을 〈보기〉에서 있는 대로 고르시오.

보기
ㄱ. $f(x) + 2g(x)$ ㄴ. $\dfrac{g(x)-1}{\{f(x)\}^2}$ ㄷ. $3f(x)g(x)$

개념 ③ 최대 · 최소 정리 / 사잇값의 정리

(1) **최대 · 최소 정리** 유형 05

함수 $f(x)$가 닫힌구간 $[a, b]$에서 연속이면 함수 $f(x)$는 이 구간에서 반드시 최댓값과 최솟값을 갖는다.

(2) **사잇값의 정리** 유형 06

함수 $f(x)$가 닫힌구간 $[a, b]$에서 연속이고 $f(a) \neq f(b)$이면 $f(a)$와 $f(b)$ 사이의 임의의 값 k에 대하여
$$f(c) = k$$
인 c가 a와 b 사이에 적어도 하나 존재한다.

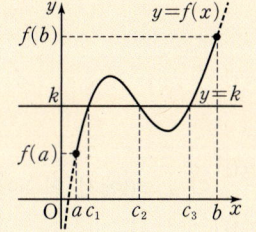

개념 Plus⁺

• 사잇값의 정리의 활용
함수 $f(x)$가 닫힌구간 $[a, b]$에서 연속이고 $f(a)$와 $f(b)$의 부호가 다르면, 즉 $f(a)f(b) < 0$이면 방정식 $f(x) = 0$을 만족시키는 실근이 a와 b 사이에 적어도 하나 존재한다.

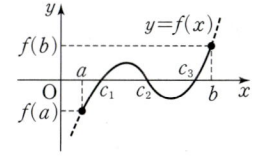

개념 Check

1. 주어진 구간에서 다음 함수의 최댓값과 최솟값을 각각 구하시오.

(1) $f(x) = -2x + 3$ $[-1, 3]$　　　　(2) $f(x) = x^2 + 1$ $[-1, 2]$

(3) $f(x) = \dfrac{1}{x+1}$ $[0, 3]$　　　　(4) $f(x) = \sqrt{x-1}$ $[3, 10]$

유형 ⑤ 최대 · 최소 정리

구간 $[0, 3]$에서 함수 $f(x) = x^2 - 2x - 3$의 최댓값을 M, 최솟값을 m이라 할 때, $M + m$의 값을 구하시오.

• 해결 Point •

함수의 그래프를 그려 주어진 구간에서 함수의 최댓값과 최솟값을 각각 구한다.

05-1 구간 $[-2, 1]$에서 함수 $f(x) = \dfrac{x-6}{x-2}$의 최댓값을 M, 최솟값을 m이라 할 때, $M - m$의 값을 구하시오.

유형 ⑥ 사잇값의 정리

방정식 $x^3 + 3x - 8 = 0$이 오직 하나의 실근을 가질 때, 다음 중 이 방정식의 실근이 존재하는 구간은?

① $(0, 1)$　　② $(1, 2)$　　③ $(2, 3)$　　④ $(3, 4)$　　⑤ $(4, 5)$

• 해결 Point •

방정식 $f(x) = 0$의 실근이 열린구간 (a, b)에 존재함을 보일 때에는 $f(a)$와 $f(b)$의 부호가 서로 다르다는 것을 이용한다.

06-1 방정식 $2x^3 - x^2 + x + 1 = 0$이 오직 하나의 실근을 가질 때, 다음 중 이 방정식의 실근이 존재하는 구간은?

① $(-2, -1)$　　　② $(-1, 0)$　　　③ $(0, 1)$

④ $(1, 2)$　　　⑤ $(2, 3)$

대표 유형 다지기

정답과 풀이 13쪽

01 (중요)

함수 $f(x) = \begin{cases} \dfrac{x^2+3x+a}{x+1} & (x \neq -1) \\ b & (x = -1) \end{cases}$ 이 $x = -1$에서 연속일

때, 상수 a, b에 대하여 $10a+b$의 값을 구하시오.

02

함수 $f(x) = \begin{cases} \dfrac{\sqrt{x+1}-1}{x} & (x \neq 0) \\ a & (x = 0) \end{cases}$ 이 $x=0$에서 연속이 되도

록 하는 상수 a의 값은?

① $-\dfrac{1}{2}$　　　　② $-\dfrac{1}{4}$　　　　③ 0

④ $\dfrac{1}{4}$　　　　⑤ $\dfrac{1}{2}$

03

함수 $f(x) = \dfrac{x-3}{x^2+ax+1}$ 이 실수 전체의 집합에서 연속이 되

도록 하는 정수 a의 개수를 구하시오.

04

두 함수 $y=f(x)$, $y=g(x)$의 그래프가 그림과 같을 때, 옳은 것만을 〈보기〉에서 있는 대로 고른 것은?

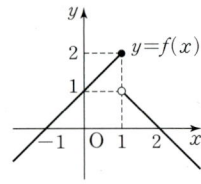 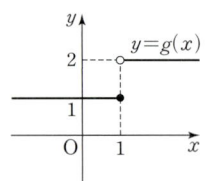

> **보기**
> ㄱ. $\displaystyle\lim_{x \to 1+} f(x) = 1$
> ㄴ. 함수 $f(x) + g(x)$는 $x=1$에서 연속이다.
> ㄷ. 함수 $f(x)g(x)$는 $x=1$에서 연속이다.

① ㄱ　　　　② ㄱ, ㄴ　　　　③ ㄱ, ㄷ

④ ㄴ, ㄷ　　　　⑤ ㄱ, ㄴ, ㄷ

05

두 함수 $f(x)=x^2+2$, $g(x)=\dfrac{1}{x-1}$ 에 대하여 다음 중 모든

실수 x에서 연속인 함수는?

① $f(x)g(x)$　　　　② $\dfrac{g(x)}{f(x)}$　　　　③ $\{g(x)\}^2$

④ $f(g(x))$　　　　⑤ $g(f(x))$

06 (중요)

함수 $f(x)=x-1$에 대하여 다음 중 실수 전체의 집합에서 연속함수라고 할 수 <u>없는</u> 것은?

① $\{f(x)\}^2$　　　　② $\{f(x)+1\}^3$　　　　③ $f(f(x))$

④ $\dfrac{1}{f(x)+x}$　　　　⑤ $\dfrac{1}{\{f(x)\}^2+x}$

07

연속함수 $f(x)$에 대하여
$$f(-3)=-1, f(-2)=3, f(-1)=0,$$
$$f(0)=1, f(1)=-2, f(2)=-5, f(3)=-1$$
일 때, 열린구간 $(-3, 3)$에서 방정식 $f(x)+x=0$의 실근의 개수의 최솟값은?

① 3　　　　② 4　　　　③ 5

④ 6　　　　⑤ 7

08

연속함수 $f(x)$에 대하여 $f(0)f(-2)<0$, $f(2)f(3)>0$, $f(-3)f(-4)<0$이고, $f(x)=f(-x)$일 때, 열린구간 $(-4, 4)$에서 방정식 $f(x)=0$의 실근의 개수의 최솟값은?

① 2　　　　② 3　　　　③ 4

④ 5　　　　⑤ 6

Ⅱ

미분

개념 ① 평균변화율과 미분계수 중요

(1) 평균변화율과 미분계수 유형 01, 02

① 함수 $y=f(x)$에서 x의 값이 a에서 b까지 변할 때의 평균변화율은

$$\frac{\Delta y}{\Delta x}=\frac{f(b)-f(a)}{b-a}=\frac{f(a+\Delta x)-f(a)}{\Delta x}$$

② 함수 $y=f(x)$의 $x=a$에서의 미분계수 또는 순간변화율은

$$f'(a)=\lim_{\Delta x\to 0}\frac{\Delta y}{\Delta x}=\lim_{\Delta x\to 0}\frac{f(a+\Delta x)-f(a)}{\Delta x}$$
$$=\lim_{x\to a}\frac{f(x)-f(a)}{x-a}=\lim_{h\to 0}\frac{f(a+h)-f(a)}{h}$$

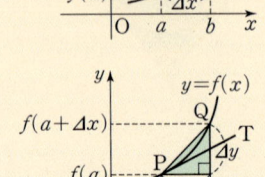

개념 Plus+

- **평균변화율의 기하적 의미**
  평균변화율은 곡선 $y=f(x)$ 위의 두 점 $P(a, f(a))$, $Q(b, f(b))$를 지나는 직선 PQ의 기울기를 나타낸다.

- **미분계수의 기하적 의미**
  미분계수 $f'(a)$는 곡선 $y=f(x)$ 위의 점 $P(a, f(a))$에서의 접선의 기울기를 나타낸다.

 **개념 Check**

1. 주어진 구간에서 다음 함수의 평균변화율을 구하시오.

(1) $f(x)=x^2+1$ [1, 3]   (2) $f(x)=\sqrt{x}$ [4, 9]

2. 다음 함수의 $x=1$에서의 미분계수를 구하시오.

(1) $f(x)=x^3$ (2) $f(x)=2+3x-x^2$

유형 01 평균변화율

함수 $f(x)=x^2+ax$에 대하여 x의 값이 1에서 4까지 변할 때의 평균변화율이 8일 때, 상수 a의 값은?

① 1   ② 2   ③ 3   ④ 4   ⑤ 5

01-1 함수 $f(x)=-x^2+2x$에 대하여 x의 값이 0에서 6까지 변할 때의 평균변화율과 2에서 a까지 변할 때의 평균변화율이 서로 같을 때, 상수 a의 값은?

① 3   ② 4   ③ 5   ④ 6   ⑤ 7

• 해결 Point •
$$\frac{f(6)-f(0)}{6-0}=\frac{f(a)-f(2)}{a-2}$$임
을 이용한다.

유형 02 평균변화율과 미분계수

함수 $f(x)=x^2+x$의 닫힌구간 $[1, 3]$에서의 평균변화율과 $x=a$에서의 미분계수가 서로 같을 때, 상수 a의 값은?

① 1   ② 2   ③ 3   ④ 4   ⑤ 5

• 해결 Point •
함수 $f(x)$의 닫힌구간 $[1, 3]$에서의 평균변화율은 $\frac{f(3)-f(1)}{3-1}$이고, $x=a$에서의 미분계수는
$\lim_{x\to a}\frac{f(x)-f(a)}{x-a}$이다.

02-1 함수 $f(x)=x^2+4x$에 대하여 x의 값이 -1에서 2까지 변할 때의 평균변화율과 $x=a$에서의 순간변화율이 서로 같을 때, 상수 a의 값은?

① $\frac{1}{2}$ ② 1   ③ $\frac{3}{2}$ ④ 2   ⑤ $\frac{5}{2}$

Ⅱ–01. 미분계수와 도함수 19

개념 ② 미분계수를 이용한 극한값의 계산 / 미분가능성과 연속성

(1) 미분계수를 이용한 극한값의 계산 유형 03

함수 $f(x)$가 $x=a$에서 미분가능할 때,

① $\lim\limits_{h \to 0} \dfrac{f(a+h)-f(a)}{h}=f'(a)$ ② $\lim\limits_{h \to 0} \dfrac{f(a+ph)-f(a)}{ph}=f'(a)$

(2) 미분가능성과 연속성 유형 04

① 함수 $f(x)$의 $x=a$에서의 미분계수 $f'(a)$가 존재할 때, 함수 $f(x)$는 $x=a$에서 미분가능하다고 한다.

② 함수 $f(x)$가 $x=a$에서 미분가능하면 $f(x)$는 $x=a$에서 연속이다. 그러나 일반적으로 그 역은 성립하지 않는다.

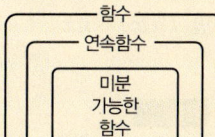

개념 Plus ⊕

- $\lim\limits_{h \to 0} \dfrac{f(a+h)-f(a-h)}{h}$
$=2f'(a)$

- 함수 $f(x)$가 $x=a$에서 불연속이 거나 그래프가 뾰족하게 꺾인 경우에 $x=a$에서 미분가능하지 않다.

 **개념 Check**

1. 함수 $f(x)$가 $x=a$에서 미분가능할 때, 다음을 간단히 하시오.

(1) $\lim\limits_{h \to 0} \dfrac{f(a+2h)-f(a)}{h}$ (2) $\lim\limits_{h \to 0} \dfrac{f(a+3h)-f(a-2h)}{h}$

유형 03 미분계수를 이용한 극한값의 계산 (1)

함수 $f(x)$에 대하여 $f'(a)=6$일 때, $\lim\limits_{h \to 0} \dfrac{f(a+2h)-f(a)}{3h}$의 값은?

① 1 ② 2 ③ 3 ④ 4 ⑤ 5

• 해결 Point •

$\lim\limits_{h \to 0} \dfrac{f(a+2h)-f(a)}{2h}=f'(a)$
임을 이용한다.

03-1 함수 $f(x)$에 대하여 $f'(1)=2$일 때, $\lim\limits_{h \to 0} \dfrac{f(1+2h)-f(1-2h)}{h}$의 값은?

① 2 ② 4 ③ 6 ④ 8 ⑤ 10

유형 04 미분가능성과 연속성

$x=0$에서 연속이지만 미분가능하지 않은 함수만을 〈보기〉에서 있는 대로 고른 것은?

보기

ㄱ. $f(x)=\dfrac{1}{x}$ ㄴ. $g(x)=|x|$ ㄷ. $k(x)=x|x|$

① ㄱ ② ㄴ ③ ㄷ ④ ㄱ, ㄴ ⑤ ㄴ, ㄷ

• 해결 Point •

$f(x)$가 $x=0$에서 미분가능하면
① $f(x)$는 $x=0$에서 연속이다.
② $x=0$에서 $f(x)$의 미분계수 $f'(0)$이 존재한다.

 04-1 $x=0$에서 연속이지만 미분가능하지 않은 함수만을 〈보기〉에서 있는 대로 고른 것은?

보기

ㄱ. $f(x)=2$ ㄴ. $g(x)=\dfrac{|x|}{x}$ ㄷ. $k(x)=x+|x|$

① ㄱ ② ㄴ ③ ㄷ ④ ㄱ, ㄴ ⑤ ㄴ, ㄷ

개념 **3** 도함수와 그 계산

(1) 도함수의 정의 유형 05

미분가능한 함수 $f(x)$의 도함수는

$$f'(x)=\lim_{\Delta x\to 0}\frac{f(x+\Delta x)-f(x)}{\Delta x} \quad \xrightarrow{\Delta x=h라 하면} \quad f'(x)=\lim_{h\to 0}\frac{f(x+h)-f(x)}{h}$$

(2) $f(x)=x^n$과 상수함수의 도함수 유형 06

① $f(x)=x^n$ ($n\geq 2$인 정수)이면 $f'(x)=nx^{n-1}$

② $f(x)=x$이면 $f'(x)=1$ ③ $f(x)=c$ (c는 상수)이면 $f'(x)=0$

(3) 함수의 실수배, 합, 차의 미분법 유형 06

두 함수 $f(x)$, $g(x)$가 미분가능할 때

① $\{cf(x)\}'=cf'(x)$ (단, c는 상수)

② $\{f(x)\pm g(x)\}'=f'(x)\pm g'(x)$ (복부호동순)

개념 Plus ➕

· 도함수 : 함수 $f(x)$의 미분가능한 모든 x에 미분계수 $f'(x)$를 대응시킨 함수

· $f(x)$의 도함수를 구하는 것을 $f(x)$를 x에 대하여 미분한다고 하고, 이 계산법을 미분법이라 한다.

· 세 개 이상의 함수의 합, 차에 대해서도 (3)의 ②의 성질이 성립한다. 즉,
$\{f(x)\pm g(x)\pm h(x)\}'$
$=f'(x)\pm g'(x)\pm h'(x)$
(복부호동순)

1. 도함수의 정의를 이용하여 다음 함수의 도함수를 구하시오.

(1) $f(x)=x^2+x$ (2) $f(x)=5x^2-2x$

2. 다음 함수를 미분하시오.

(1) $f(x)=2x^2+1$ (2) $f(x)=\frac{1}{2}x^4+\frac{1}{3}x^3-2x$

유형 **05** 도함수의 정의를 이용하여 도함수 구하기

다음은 함수 $f(x)=x^2$의 도함수를 구하는 과정이다.

$$f'(x)=\lim_{t\to x}\frac{\boxed{(가)}}{t-x}=\lim_{t\to x}\left(\boxed{(나)}\right)=2x$$

위의 과정에서 (가), (나)에 알맞은 것을 차례대로 적은 것은?

① t^2-x^2, $2t$ ② t^2-x^2, t^2+xt+x^2 ③ t^2-x^2, $t+x$

④ t^2+x^2, t^2+xt+x^2 ⑤ t^2+x^2, $t+x$

● **해결 Point** ●

도함수의 정의

$f'(x)=\lim_{h\to 0}\frac{f(x+h)-f(x)}{h}$

에서 $x+h=t$로 놓으면

$f'(x)=\lim_{t\to x}\frac{f(t)-f(x)}{t-x}$

05-1 미분가능한 함수 $f(x)$가 임의의 실수 x, y에 대하여 $f(x+y)=f(x)+f(y)$를 만족시킨다. $f'(0)=2$일 때, $f'(10)$의 값을 구하시오.

● **해결 Point** ●

주어진 식에 $x=0$, $y=0$을 대입하여 $f(0)$을 구하고, 도함수의 정의를 이용한다.

유형 **06** $f(x)=x^n$과 상수함수의 도함수 / 함수의 실수배, 합, 차의 미분법

함수 $f(x)=x^2+3x-5$에서 $f'(2)$의 값은?

① 3 ② 4 ③ 5 ④ 6 ⑤ 7

06-1 함수 $f(x)=\frac{1}{3}x^3+\frac{a}{2}x^2+2x$에 대하여 $f'(1)=5$일 때, 상수 a의 값을 구하시오.

개념 ④ 미분법의 공식 🔴중요

(1) 곱의 미분법 [유형 08]

세 함수 $f(x)$, $g(x)$, $h(x)$가 미분가능할 때

① $\{f(x)g(x)\}' = f'(x)g(x) + f(x)g'(x)$

② $\{f(x)g(x)h(x)\}' = f'(x)g(x)h(x) + f(x)g'(x)h(x) + f(x)g(x)h'(x)$

③ $[\{f(x)\}^n]' = n\{f(x)\}^{n-1} \cdot f'(x)$ (단, n은 양의 정수)

> **개념 Plus ➕**
> • 합, 차의 미분법은 각각의 함수를 미분하지만 곱의 미분법은 각각의 함수를 번갈아가며 미분한다.
> $\{f(x)g(x)\}' \neq f'(x)g'(x)$

개념 Check

1. 다음 함수를 미분하시오.

(1) $f(x) = x^2(2-3x^2)$

(2) $f(x) = (2x-1)(x^2-x+2)$

(3) $f(x) = (x+1)(x+2)(x+3)$

(4) $f(x) = (4x+1)^3$

유형 ⑦ 미분계수를 이용한 극한값의 계산 (2)

함수 $f(x) = x^{12}$에 대하여 $\lim_{x \to 1} \dfrac{f(x)+3x-4}{x-1}$의 값은?

① 13 　　② 14 　　③ 15 　　④ 16 　　⑤ 17

> **• 해결 Point •**
> $f(x)+3x-4=g(x)$라 하면
> $g(1)=0$이므로
> $\lim_{x \to 1} \dfrac{f(x)+3x-4}{x-1}$
> $= \lim_{x \to 1} \dfrac{g(x)-g(1)}{x-1}$

07-1 함수 $f(x) = x^2-4x+3$에 대하여 $\lim_{h \to 0} \dfrac{f(3+h)-f(3-h)}{4h}$의 값은?

① $\dfrac{1}{2}$ 　　② 1 　　③ $\dfrac{3}{2}$ 　　④ 2 　　⑤ $\dfrac{5}{2}$

유형 ⑧ 곱의 미분법

함수 $f(x) = (x-1)(x^3+x^2+5)$에 대하여 $f'(1)$의 값은?

① 1 　　② 3 　　③ 5 　　④ 7 　　⑤ 9

> **• 해결 Point •**
> $y=f(x)g(x)$이면
> $y'=f'(x)g(x)+f(x)g'(x)$
> 이다.

08-1 함수 $f(x) = (x^2+x+1)(x^2-x+1)$에 대하여 $f'(1)$의 값은?

① 4 　　② 5 　　③ 6 　　④ 7 　　⑤ 8

대표 유형 다지기

01

함수 $f(x)$에 대하여 x의 값이 1에서 2까지 변할 때의 평균변화율이 3이다. 두 점 $A(1, f(1))$, $B(2, f(2))$를 지나는 직선의 기울기는?

① 1   ② 2   ③ 3
④ 4   ⑤ 5

02

함수 $f(x)=2x^2-x$에 대하여 x의 값이 -1에서 3까지 변할 때의 평균변화율과 $x=a$에서의 순간변화율이 같을 때, 상수 a의 값을 구하시오.

03

다항함수 $f(x)$에 대하여 $\lim\limits_{h \to 0} \dfrac{f(a+2h)-f(a)}{5h}$의 값은?

① $\dfrac{1}{5}f'(a)$ ② $\dfrac{2}{5}f'(a)$ ③ $\dfrac{3}{5}f'(a)$
④ $2f'(a)$ ⑤ $5f'(a)$

04 중요

다항함수 $f(x)$에 대하여 $f(2)=2$, $f'(2)=3$일 때, $\lim\limits_{x \to 2} \dfrac{2f(x)-xf(2)}{x-2}$의 값을 구하시오.

05

함수 $f(x)$에 대하여 $f(1)=5$, $f'(1)=3$일 때, $\lim\limits_{x \to 1} \dfrac{x^3f(1)-f(x^3)}{x-1}$의 값은?

① 2   ② 4   ③ 6
④ 8   ⑤ 10

06

$x=0$에서 연속이지만 미분가능하지 않은 함수만을 〈보기〉에서 있는 대로 고른 것은?

보기
ㄱ. $f(x)=2|x|$ ㄴ. $g(x)=\dfrac{x^2-1}{x}$
ㄷ. $k(x)=\begin{cases} x+1 & (x \geq 0) \\ 1 & (x < 0) \end{cases}$

① ㄱ   ② ㄴ   ③ ㄷ
④ ㄱ, ㄷ   ⑤ ㄴ, ㄷ

07

함수 $y=f(x)$의 그래프가 그림과 같을 때, 열린구간 $(-1, 5)$에서 함수 $f(x)$가 불연속인 점은 m개, 미분가능하지 않은 점은 n개이다. $m+n$의 값을 구하시오.

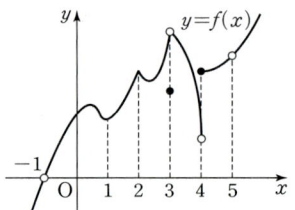

08 중요

$0 < x < 8$에서 정의된 함수 $y=f(x)$의 그래프가 그림과 같을 때, 옳은 것만을 〈보기〉에서 있는 대로 고른 것은?

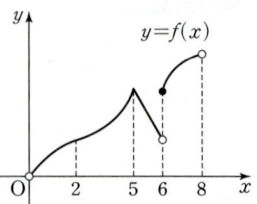

보기
ㄱ. $f'(2) < 0$
ㄴ. $f(x)$가 불연속인 점의 개수는 1이다.
ㄷ. $f(x)$가 미분가능하지 않은 점의 개수는 2이다.

① ㄱ   ② ㄴ   ③ ㄱ, ㄷ
④ ㄴ, ㄷ   ⑤ ㄱ, ㄴ, ㄷ

09

미분가능한 함수 $f(x)$가 임의의 실수 x, y에 대하여
$$f(x+y)=f(x)+f(y)+xy$$
를 만족시킨다. $f'(1)=3$일 때, $f'(2)$의 값은?

① 2   ② 4   ③ 6

④ 8   ⑤ 10

10

함수 $f(x)=x^2+kx+3$에 대하여 $f'(-1)=2$일 때, 상수 k의 값은?

① 2   ② 3   ③ 4

④ 5   ⑤ 6

11

함수 $f(x)=1+x+x^2+\cdots+x^{10}$에 대하여 $f'(1)-f(1)$의 값을 구하시오.

12 중요

두 함수 $f(x)=x^3+x$, $g(x)=x^4+x^2$에 대하여
$\displaystyle\lim_{h \to 0}\dfrac{f(1+2h)-g(1-h)}{h}$의 값을 구하시오.

13

함수 $f(x)=x^3+x^2+ax$에 대하여
$\displaystyle\lim_{x \to 1}\dfrac{f(x)-f(1)}{x^2-1}=3$일 때, 상수 a의 값은?

① 1   ② 2   ③ 3

④ 4   ⑤ 5

14

함수 $f(x)=(2x^2+1)(-3x+a)$에 대하여 $f'(-1)=3$일 때, 상수 a의 값은?

① -6 ② -5 ③ -4

④ -3 ⑤ -2

15

함수 $f(x)=(4x-3)(3x-2)(-2x+a)$에 대하여 $f'(1)=12$일 때, 상수 a의 값은?

① 1   ② 2   ③ 3

④ 4   ⑤ 5

16

다항함수 $f(x)$가 $\displaystyle\lim_{x \to 1}\dfrac{f(x)-3}{x-1}=6$을 만족시킨다. $g(x)=xf(x)$라 할 때, $g'(1)$의 값은?

① 3   ② 5   ③ 7

④ 9   ⑤ 11

02 | 도함수의 활용 (1)

Ⅱ. 미분 | 교과서 핵심 개념별 **대표 유형 익히기**

개념 ① 접선의 방정식 중요

(1) 접선의 방정식 유형 01, 02

① 곡선 $y=f(x)$ 위의 점 $(a, f(a))$에서의 접선의 방정식은
$$y-f(a)=f'(a)(x-a)$$
② 곡선 $y=f(x)$ 위의 점 $(a, f(a))$를 지나고, 이 점에서의 접선에 수직인 직선의 방정식은
$$y-f(a)=-\frac{1}{f'(a)}(x-a) \ (단, \ f'(a) \neq 0)$$

> **개념 Plus +**
> • 곡선 $y=f(x)$ 위의 점 $(a, f(a))$에서의 접선의 기울기는 $f'(a)$이다.

> **개념 Feedback**
> 기울기가 a이고 한 점 (x_1, y_1)을 지나는 직선의 방정식은 $y-y_1=a(x-x_1)$이다.

유형 01 접선의 기울기

함수 $y=x^2-4x+3$의 그래프 위의 점 $(0, 3)$에서의 접선의 기울기는?

① -4 ② -2 ③ 0 ④ 2 ⑤ 4

> **해결 Point**
> $f(x)=x^2-4x+3$이라 하면 그래프 위의 점 $(0, 3)$에서의 접선의 기울기는 $f'(0)$이다.

01-1 곡선 $y=(x^2+2x-1)(x^2-x)$ 위의 $x=1$인 점에서의 접선의 기울기는?

① 1 ② 2 ③ 3 ④ 4 ⑤ 5

유형 02 곡선 위의 한 점에서의 접선의 방정식

곡선 $y=x^2-3x$ 위의 점 $(2, -2)$에서의 접선의 방정식이 $y=ax+b$일 때, 상수 a, b에 대하여 $a+b$의 값은?

① -3 ② -1 ③ 1 ④ 3 ⑤ 5

02-1 곡선 $y=2x^3-3x^2-1$ 위의 점 $(2, 3)$에서의 접선의 방정식이 $y=ax-b$일 때, 상수 a, b에 대하여 $b-a$의 값은?

① 5 ② 6 ③ 7 ④ 8 ⑤ 9

02-2 곡선 $y=-x^2+5x-4$ 위의 점 $(3, 2)$를 지나고, 이 점에서의 접선에 수직인 직선의 방정식이 $y=ax+b$일 때, 상수 a, b에 대하여 ab의 값은?

① -1 ② $-\frac{1}{2}$ ③ $\frac{1}{4}$ ④ $\frac{1}{2}$ ⑤ 1

> **해결 Point**
> 서로 수직인 두 직선의 기울기의 곱은 -1이다.

개념 ② 기울기가 주어진 접선의 방정식

(1) 기울기가 주어진 접선의 방정식 유형 03

곡선 $y=f(x)$에 접하고, 기울기가 m인 접선의 방정식은 다음과 같은 순서로 구한다.

❶ 접점의 좌표를 $(t, f(t))$로 놓는다.

❷ $f'(t)=m$임을 이용하여 접점의 좌표를 구한다.

❸ $y-f(t)=m(x-t)$를 이용하여 접선의 방정식을 구한다.

개념 Plus ➕

• 곡선 $y=f(x)$ 위의 점 $(t, f(t))$에서의 접선이 x축의 양의 방향과 이루는 각의 크기를 θ라 하면 $f'(t)=\tan\theta$이다.

개념 Check

1. 다음 접선의 방정식을 구하시오.

(1) 곡선 $y=\dfrac{1}{2}x^2+4x+3$에 접하고 기울기가 6인 접선

(2) 곡선 $y=x^4-x+1$에 접하고 기울기가 3인 접선

유형 ③ 기울기가 주어진 접선의 방정식

곡선 $y=2x^2+x$에 접하는 직선 중 기울기가 5인 접선의 y절편은?

① -4 ② -2 ③ 0 ④ 2 ⑤ 4

• 해결 Point •
접선의 기울기가 주어진 경우에는 접점에서의 미분계수와 기울기가 같음을 이용하여 접점의 좌표를 구한 후, 접선의 방정식을 구한다.

03-1 곡선 $y=x^2+3x-1$에 접하고 직선 $y=-x+3$에 평행한 직선의 y절편은?

① -9 ② -7 ③ -5 ④ -3 ⑤ -1

03-2 곡선 $y=x^3+3x^2$에 접하고 직선 $x-3y=1$에 수직인 직선의 방정식이 $y=ax+b$일 때, 상수 a, b에 대하여 ab의 값은?

① -3 ② -1 ③ 1 ④ 3 ⑤ 5

03-3 곡선 $y=x^3+3x^2-6x$에 접하고 직선 $y=3x+2$와 평행한 직선은 2개이다. 두 접선의 접점을 각각 A, B라 할 때, 선분 AB의 중점의 좌표는? (단, 점 A는 제2사분면 위의 점이다.)

① $(-3, 4)$ ② $(-3, 8)$ ③ $(-1, 4)$ ④ $(-1, 8)$ ⑤ $(1, 4)$

• 해결 Point •
평행한 직선은 기울기가 서로 같다.

개념 **3** 곡선 밖의 한 점에서 곡선에 그은 접선의 방정식

(1) 곡선 밖의 한 점에서 곡선에 그은 접선의 방정식 유형 **04**

곡선 $y=f(x)$ 밖의 한 점 $(x_1,\ y_1)$에서 곡선 $y=f(x)$에 그은 접선의 방정식은 다음과 같은 순서로 구한다.

❶ 접점의 좌표를 $(t,\ f(t))$로 놓는다.

❷ $y-f(t)=f'(t)(x-t)$에 $x=x_1,\ y=y_1$을 대입하여 t의 값을 구한다.

❸ $y-f(t)=f'(t)(x-t)$에 t의 값을 대입하여 접선의 방정식을 구한다.

(2) 공통인 접선 유형 **05**

두 곡선 $y=f(x),\ y=g(x)$가 점 $(a,\ b)$에서 접하면
$$f(a)=g(a)=b,\ f'(a)=g'(a)$$

개념 Plus +

• 두 곡선이 점 $(a,\ b)$에서 접한다.
⟺ $x=a$에서의 함숫값이 b로 같고, 미분계수가 서로 같다.

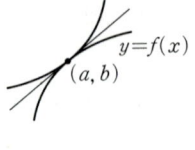

 개념 Check

1. 점 $(0,\ -2)$에서 곡선 $y=x^3+2x$에 그은 접선의 방정식을 구하시오.

2. 점 $(2,\ -4)$에서 곡선 $y=-x^3+x+2$에 그은 접선의 방정식을 구하시오.

유형 **04** 곡선 밖의 한 점에서 곡선에 그은 접선의 방정식

점 $(0,\ 2)$에서 곡선 $y=x^3+4$에 그은 접선의 접점의 좌표가 $(a,\ b)$일 때, $a-b$의 값은?

① -5 ② -4 ③ -3 ④ -2 ⑤ -1

04-1 점 $(0,\ -4)$에서 곡선 $y=\dfrac{1}{4}x^2$에 그은 두 접선의 기울기의 곱은?

① -4 ② -2 ③ 1 ④ 2 ⑤ 4

• 해결 Point •
접점의 좌표를 $\left(t,\ \dfrac{1}{4}t^2\right)$으로 놓고, 접선의 방정식을 구한다.

유형 **05** 공통인 접선

두 곡선 $f(x)=x^2+ax+b,\ g(x)=-x^3+c$가 점 $(1,\ 2)$에서 공통인 접선을 가질 때, $f(2)+g(2)$의 값은? (단, $a,\ b,\ c$는 상수이다.)

① -7 ② -5 ③ -3 ④ -1 ⑤ 1

• 해결 Point •
두 곡선 $y=f(x),\ y=g(x)$가 점 $(1,\ 2)$에서 공통인 접선을 가질 때, $f(1)=g(1)=2$이고, $f'(1)=g'(1)$이다.

05-1 두 곡선 $y=x^3+ax,\ y=bx^3+c$가 점 $(1,\ 4)$에서 공통인 접선을 가질 때, 상수 $a,\ b,\ c$에 대하여 abc의 값은?

① 6 ② 8 ③ 10 ④ 12 ⑤ 15

개념 ④ 롤의 정리 / 평균값 정리

(1) **롤의 정리** · 유형 06

함수 $f(x)$가 닫힌구간 $[a, b]$에서 연속이고 열린구간 (a, b)에서 미분가능할 때, $f(a)=f(b)$이면

$$f'(c)=0$$

인 c가 열린구간 (a, b)에 적어도 하나 존재한다.

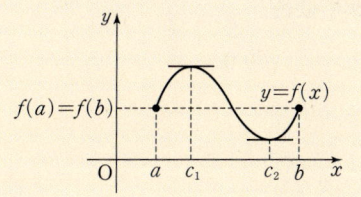

(2) **평균값 정리** · 유형 07

함수 $f(x)$가 닫힌구간 $[a, b]$에서 연속이고 열린구간 (a, b)에서 미분가능하면

$$\frac{f(b)-f(a)}{b-a}=f'(c)$$

인 c가 열린구간 (a, b)에 적어도 하나 존재한다.

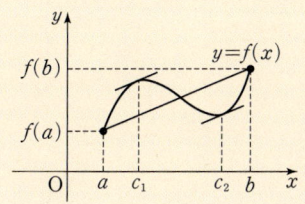

개념 Plus ➕

• 평균값 정리는 두 점 $(a, f(a))$, $(b, f(b))$를 잇는 직선과 평행하면서 접점의 x좌표가 열린구간 (a, b)에 있는 접선이 적어도 하나 존재한다는 뜻이다.

유형 06 롤의 정리

함수 $f(x)=x^3-6x$에 대하여 닫힌구간 $[0, \sqrt{6}\,]$에서 롤의 정리를 만족시키는 상수 c의 값은?

① $\dfrac{\sqrt{2}}{2}$　　② $\dfrac{\sqrt{3}}{2}$　　③ $\sqrt{2}$　　④ $\sqrt{3}$　　⑤ $\sqrt{6}$

· 해결 Point ·

함수 $f(x)=x^3-6x$는 닫힌구간 $[0, \sqrt{6}\,]$에서 연속이고 열린구간 $(0, \sqrt{6}\,)$에서 미분가능하며 $f(0)=f(\sqrt{6}\,)$이므로 $f'(c)=0$을 만족시키는 상수 c가 열린구간 $(0, \sqrt{6}\,)$에 적어도 하나 존재한다.

06-1 함수 $f(x)=3x^4-6x^2+2$에 대하여 닫힌구간 $[-2, 2]$에서 롤의 정리를 만족시키는 상수 c의 개수는?

① 0　　② 1　　③ 2　　④ 3　　⑤ 4

유형 07 평균값 정리

함수 $f(x)=x^3+3x^2$에 대하여 닫힌구간 $[-2, 0]$에서 평균값 정리를 만족시키는 모든 상수 c의 값의 합은?

① -4　　② $-\dfrac{7}{2}$　　③ -3　　④ $-\dfrac{5}{2}$　　⑤ -2

· 해결 Point ·

함수 $f(x)=x^3+3x^2$은 닫힌구간 $[-2, 0]$에서 연속이고 열린구간 $(-2, 0)$에서 미분가능하므로

$$\frac{f(0)-f(-2)}{0-(-2)}=f'(c)$$

를 만족시키는 상수 c가 열린구간 $(-2, 0)$에 적어도 하나 존재한다.

07-1 함수 $f(x)=2x^3-9x^2+12x$에 대하여 닫힌구간 $[0, 3]$에서 평균값 정리를 만족시키는 모든 상수 c의 값의 곱은?

① $-\dfrac{3}{2}$　　② $-\dfrac{1}{2}$　　③ 1　　④ $\dfrac{1}{2}$　　⑤ $\dfrac{3}{2}$

대표 유형 다지기

01

곡선 $y=x^3+ax^2+b$ 위의 점 $(1, -2)$에서의 접선의 기울기가 5일 때, 상수 a, b에 대하여 ab의 값은?

① -4 ② -2 ③ 0

④ 2 ⑤ 4

02

곡선 $y=f(x)$ 위의 점 $(1, f(1))$에서의 접선의 기울기가 -3일 때, $\lim\limits_{h\to 0}\dfrac{f(1-h)-f(1)}{h}$의 값을 구하시오.

03

곡선 $y=x^3+ax^2+bx$ 위의 점 $(1, 2)$에서의 접선의 y절편이 3이다. 상수 a, b에 대하여 ab의 값은?

① -30 ② -24 ③ -18

④ -12 ⑤ -6

04 중요

곡선 $y=-x^3+2x+1$ 위의 점 $(1, 2)$에서의 접선이 x축, y축과 만나는 점을 각각 A, B라 할 때, 삼각형 OAB의 넓이는? (단, O는 원점이다.)

① 3 ② $\dfrac{7}{2}$ ③ 4

④ $\dfrac{9}{2}$ ⑤ 5

05 중요

곡선 $y=x^3-x+1$ 위의 점 $(1, 1)$에서의 접선이 곡선 $y=ax^2+x-2$에 접할 때, 상수 a의 값은?

① $-\dfrac{1}{6}$ ② $-\dfrac{1}{4}$ ③ $-\dfrac{1}{3}$

④ $-\dfrac{1}{2}$ ⑤ -1

06

곡선 $y=x^2-6x+8$에 접하고 직선 $y=2x+4$와 평행한 직선의 방정식은?

① $y=2x-4$ ② $y=2x-6$

③ $y=2x-8$ ④ $y=2x+6$

⑤ $y=2x+8$

07

곡선 $y=x^3-4x-5$에 접하는 직선 중 기울기가 -1인 접선의 방정식은 $y=-x+a$ 또는 $y=-x+b$이다. 상수 a, b에 대하여 $b-a$의 값은? (단, $a<b$이다.)

① $\dfrac{1}{2}$ ② 1 ③ 2

④ 3 ⑤ 4

08

곡선 $y=x^3-3x^2+5x-2$의 접선 중 기울기가 최소인 접선의 방정식은 $y=ax+b$이다. 상수 a, b에 대하여 $a+b$의 값은?

① 1 ② 2 ③ 3

④ 4 ⑤ 5

09 중요

곡선 $y=x^2$에 접하는 직선 중 x축의 양의 방향과 이루는 각의 크기가 $45°$인 접선과 원점 사이의 거리는?

① $\dfrac{\sqrt{2}}{8}$　　　② $\dfrac{\sqrt{2}}{4}$　　　③ $\dfrac{\sqrt{2}}{2}$

④ $\sqrt{2}$　　　⑤ $2\sqrt{2}$

10

점 $(1, -2)$에서 곡선 $y=x^2+1$에 그은 접선 중 기울기가 양수인 접선의 방정식을 $y=ax+b$라 할 때, 상수 a, b에 대하여 $a-b$의 값은?

① 15　　　② 14　　　③ 13

④ 12　　　⑤ 11

11

점 $(1, 6)$에서 곡선 $y=x^3-2x+3$에 그은 접선의 y절편은?

① 3　　　② 4　　　③ 5

④ 6　　　⑤ 7

12

점 $(0, 1)$에서 곡선 $y=x^3-3x^2$에 그은 접선의 한 접점을 P라 할 때, 선분 OP의 길이는?

(단, 점 P의 x좌표는 양수이고, O는 원점이다.)

① $\sqrt{2}$　　　② $\sqrt{3}$　　　③ 2

④ $\sqrt{5}$　　　⑤ $\sqrt{6}$

13

함수 $f(x)=(x-1)^2(x+2)$에 대하여 닫힌구간 $[-2, 1]$에서 롤의 정리를 만족시키는 상수 c의 값은?

① $-\dfrac{3}{2}$　　　② -1　　　③ 0

④ $\dfrac{1}{2}$　　　⑤ 1

14

닫힌구간 $[0, 3]$에서 롤의 정리가 성립하는 함수만을 〈보기〉에서 있는 대로 고른 것은?

> **보기**
>
> ㄱ. $f(x)=2\left|x-\dfrac{3}{2}\right|$　　　ㄴ. $f(x)=x^3-3x^2+6$
>
> ㄷ. $f(x)=2$　　　ㄹ. $f(x)=\dfrac{|x+3|}{x+3}$

① ㄱ, ㄴ　　　② ㄴ, ㄷ　　　③ ㄴ, ㄹ

④ ㄱ, ㄴ, ㄷ　　　⑤ ㄴ, ㄷ, ㄹ

15 중요

함수 $f(x)=x^3-6x+4$에 대하여 닫힌구간 $[-2, 2]$에서 평균값 정리를 만족시키는 모든 상수 c의 값의 곱은?

① $-\dfrac{4}{3}$　　　② $-\dfrac{5}{3}$　　　③ -2

④ $-\dfrac{7}{3}$　　　⑤ $-\dfrac{8}{3}$

16

닫힌구간 $[a, b]$에서 연속이고 열린구간 (a, b)에서 미분가능한 함수 $y=f(x)$의 그래프가 그림과 같을 때, 등식

$$\dfrac{f(b)-f(a)}{b-a}=f'(c)$$

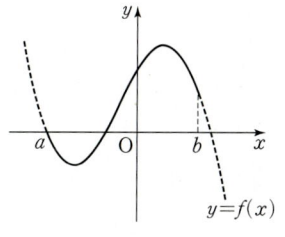

를 만족시키는 c의 개수를 구하시오. (단, $a<c<b$이다.)

개념 ① 함수의 증가와 감소

(1) 함수의 증가와 감소 유형 01, 02

① 함수 $f(x)$가 어떤 구간에 속하는 임의의 두 실수 x_1, x_2에 대하여
　(ⅰ) $x_1 < x_2$일 때 $f(x_1) < f(x_2)$이면 함수 $f(x)$는 이 구간에서 증가한다고 한다.
　(ⅱ) $x_1 < x_2$일 때 $f(x_1) > f(x_2)$이면 함수 $f(x)$는 이 구간에서 감소한다고 한다.
② 함수 $f(x)$가 어떤 열린구간에서 미분가능하고, 이 구간에 속하는 모든 x에 대하여
　(ⅰ) $f'(x) > 0$이면 함수 $f(x)$는 이 구간에서 증가한다.
　(ⅱ) $f'(x) < 0$이면 함수 $f(x)$는 이 구간에서 감소한다.
　참고 닫힌구간 $[a, b]$에서 연속인 함수 $f(x)$가 열린구간 (a, b)에서 증가하면 최대·최소
　정리에 의하여 $f(a)$가 최솟값, $f(b)$가 최댓값이므로 함수 $f(x)$는 닫힌구간 $[a, b]$에서도
　증가한다. 함수 $f(x)$가 감소하는 경우도 마찬가지이다.
　따라서 함수의 증가와 감소를 조사할 때는 구간의 끝점의 포함 여부를 확인하도록 한다.

> **개념 Plus ⊕**
>
> • ②의 역은 성립하지 않는다.
>   예를 들어 함수 $f(x) = x^3$은 구간
> $(-\infty, \infty)$에서 증가하지만
> $f'(x) = 3x^2$에서 $f'(0) = 0$이다.
> • 함수 $f(x)$가 어떤 구간에서 미분가
>   능하고 그 구간에서
>   ① 함수 $f(x)$가 증가하면 그 구간
>   에서 $f'(x) \geq 0$이다.
>   ② 함수 $f(x)$가 감소하면 그 구간
>   에서 $f'(x) \leq 0$이다.

 개념 Check

1. 주어진 구간에서 다음 함수의 증가와 감소를 조사하시오.

　(1) $f(x) = -x^2 + 1$ 　$[0, 2]$　　(2) $f(x) = \dfrac{1}{x}$ 　$(0, \infty)$　　(3) $f(x) = x^3$ 　$(-\infty, \infty)$

2. 다음 함수의 증가와 감소를 조사하시오.

　(1) $f(x) = x^2 - 2x$　　　　(2) $f(x) = x^3 - 3x^2 - 9x - 2$　　(3) $f(x) = -x^4 + 4x + 2$

유형 01 함수의 증가와 감소

함수 $f(x) = x^3 - 6x^2 + 2$가 감소하는 구간은?

① $(-\infty, -4]$　　　　　② $[0, 4]$　　　　　　　③ $[0, 5]$
④ $[1, 5]$　　　　　　　⑤ $[5, \infty)$

01-1 함수 $f(x) = -x^3 + 3x + 2$가 증가하는 구간은?

① $(-\infty, -2]$　　　　　② $[-2, -1]$　　　　　③ $[-1, 1]$
④ $[1, 2]$　　　　　　　⑤ $[2, \infty)$

유형 02 삼차함수 $f(x)$가 증가하기 위한 조건

함수 $f(x) = \dfrac{1}{3}x^3 + ax^2 + x - 1$이 모든 실수 x에서 증가하기 위한 정수 a의 개수는?

① 1　　　　② 2　　　　③ 3　　　　④ 4　　　　⑤ 5

> • 해결 Point •
>
> 모든 실수 x에 대하여 함수 $f(x)$가
> 증가하면 $f'(x) \geq 0$이다.

02-1 함수 $f(x) = -x^3 + x^2 + ax$가 모든 실수 x에서 감소하기 위한 정수 a의 최댓값은?

① -2　　　② -1　　　③ 0　　　④ 1　　　⑤ 2

개념 ② 함수의 극대와 극소 ^{중요}

(1) 함수의 극대와 극소 유형 03

① 함수 $f(x)$에서 $x=a$를 포함하는 어떤 열린구간에 속하는 모든 x에 대하여
  (i) $f(x) \le f(a)$일 때, 함수 $f(x)$는 $x=a$에서 극대라 하고, $f(a)$를 극댓값이라 한다.
  (ii) $f(x) \ge f(a)$일 때, 함수 $f(x)$는 $x=a$에서 극소라 하고, $f(a)$를 극솟값이라 한다.
  이때, 극댓값과 극솟값을 통틀어 극값이라 한다.
② 함수 $f(x)$가 $x=a$에서 미분가능하고 $x=a$에서 극값을 가지면 $f'(a)=0$이다.
③ 미분가능한 함수 $f(x)$에 대하여 $f'(a)=0$이고 $x=a$의 좌우에서 $f'(x)$의 부호가
  (i) 양$(+)$에서 음$(-)$으로 바뀌면 $f(x)$는 $x=a$에서 극대이고, 극댓값은 $f(a)$이다.
  (ii) 음$(-)$에서 양$(+)$으로 바뀌면 $f(x)$는 $x=a$에서 극소이고, 극솟값은 $f(a)$이다.

개념 Plus⊕
- ②의 역은 성립하지 않는다.
  예를 들어 함수 $f(x)=x^3$은
  $f'(0)=0$이지만 $x \ne 0$일 때
  $f'(x)=3x^2>0$이므로 $x=0$에서
  극값을 갖지 않는다.

개념 Check

1. 다음 함수의 극값을 구하시오.

(1) $f(x)=x^3-6x^2+9x$ (2) $f(x)=-x^3+3x$

(3) $f(x)=x^4-4x^3+4x^2+1$ (4) $f(x)=x^4-6x^2-8x+12$

유형 03 함수의 극대와 극소

삼차함수 $f(x)=-x^3+6x^2-9x+5$의 극댓값을 M, 극솟값을 m이라 할 때, $M+m$의 값은?

① 4   ② 5   ③ 6   ④ 7   ⑤ 8

• 해결 Point •
$f'(x)=0$을 만족시키는 $x=a$의
값을 구하고, $x=a$의 좌우에서
$f'(x)$의 부호를 조사한다.
① $(+) \rightarrow (-)$
  ➡ $f(x)$는 $x=a$에서 극대
② $(-) \rightarrow (+)$
  ➡ $f(x)$는 $x=a$에서 극소

03-1 함수 $f(x)=x^3+3x^2-4$의 극댓값과 극솟값의 합은?

① -6 ② -4 ③ -2 ④ 0 ⑤ 2

03-2 사차함수 $f(x)=x^4+2x^3+x^2$이 $x=a$에서 극댓값 b를 가질 때, ab의 값은?

① $-\dfrac{1}{64}$ ② $-\dfrac{1}{32}$ ③ $-\dfrac{1}{16}$ ④ $-\dfrac{1}{8}$ ⑤ $-\dfrac{1}{4}$

03-3 함수 $f(x)=2x^3+11x^2+ax-4$는 $x=-2$에서 극댓값 b를 갖는다고 한다. $a+b$의 값을 구하시오. (단, a는 상수이다.)

개념 ③ 함수의 그래프

(1) 함수의 그래프 유형 04

일반적으로 미분가능한 함수 $y=f(x)$의 그래프의 개형은 다음과 같은 순서로 그린다.
❶ 함수 $f(x)$의 도함수 $f'(x)$를 구한다.
❷ $f'(x)=0$인 x의 값을 구한다.
❸ 함수 $f(x)$의 증가와 감소를 표로 나타내어 함수 $y=f(x)$의 그래프의 개형을 그린다.

> **개념 Plus ➕**
> • 함수의 그래프의 개형은 함수의 정의역과 치역, 증가와 감소, 극대와 극소, x절편과 y절편 등을 이용하여 그릴 수 있다.

유형 **04** 함수의 그래프

다항함수 $y=f(x)$의 도함수 $y=f'(x)$의 그래프가 그림과 같을 때, 다음 중 함수 $y=f(x)$의 그래프의 개형으로 가장 적당한 것은?

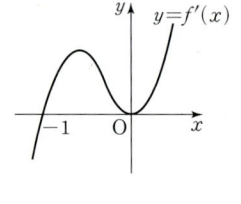

① 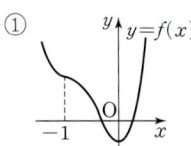　②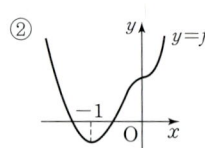

③ 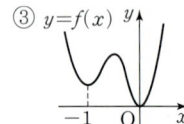　④ 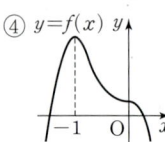　⑤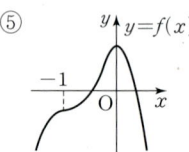

> **해결 Point**
> $f'(x)=0$인 x의 값을 찾고, 이 x의 값의 좌우에서 $f'(x)$의 부호를 조사한다.

04-1 다항함수 $y=f(x)$의 도함수 $y=f'(x)$의 그래프가 그림과 같을 때, 다음 중 함수 $y=f(x)$의 그래프의 개형으로 가장 적당한 것은?

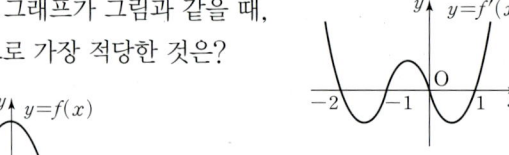

① 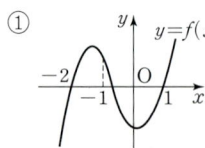　②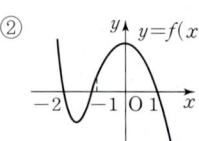

③ 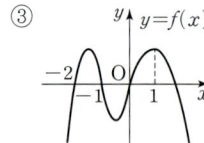　④ 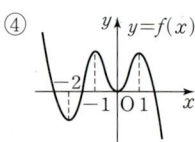　⑤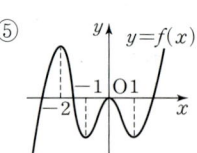

04-2 다항함수 $y=f(x)$의 도함수 $y=f'(x)$의 그래프가 그림과 같을 때, 옳은 것만을 〈보기〉에서 있는 대로 고른 것은?

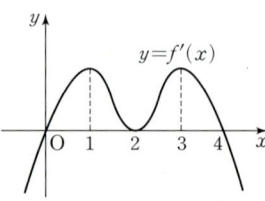

> **보기**
> ㄱ. $x=0$에서 극솟값을 갖는다.
> ㄴ. $x=4$에서 극댓값을 갖는다.
> ㄷ. 극값을 갖는 점은 3개이다.

① ㄱ　　② ㄷ　　③ ㄱ, ㄴ　　④ ㄴ, ㄷ　　⑤ ㄱ, ㄴ, ㄷ

개념 **4** 함수의 최대와 최소

(1) 함수의 최대와 최소 유형 05, 06

닫힌구간 $[a, b]$에서 연속인 함수 $f(x)$의 최댓값과 최솟값은 다음과 같은 순서로 구한다.

❶ 주어진 구간에서 $f(x)$의 극댓값과 극솟값을 구한다.

❷ 구간의 양 끝값에서의 함숫값 $f(a)$, $f(b)$를 구한다.

❸ ❶, ❷에서 구한 극댓값, 극솟값, $f(a)$, $f(b)$ 중에서 가장 큰 값이 최댓값이고, 가장 작은 값이 최솟값이다.

개념 Plus

• 함수 $f(x)$가 주어진 구간에서 연속이고, 그 구간에서 극값이 하나만 존재할 때
① 극값이 극솟값이면
(극솟값)=(최솟값)
② 극값이 극댓값이면
(극댓값)=(최댓값)

개념 Check

1. 주어진 구간에서 다음 함수의 최댓값과 최솟값을 구하시오.

(1) $f(x)=x^3-12x$ $[-3, 3]$

(2) $f(x)=-x^3+3x^2-20$ $[-2, 1]$

(3) $f(x)=x^4-4x^3$ $[-1, 4]$

(4) $f(x)=3x^4+8x^3+1$ $[-1, 1]$

유형 **05** 함수의 최대와 최소

닫힌구간 $[0, 3]$에서 함수 $f(x)=x^3-3x$의 최댓값과 최솟값의 합은?

① 13 　　　② 14 　　　③ 15 　　　④ 16 　　　⑤ 17

•해결 Point•

주어진 구간에서 극솟값, 극댓값 및 양 끝값에서의 함숫값을 비교하여 최댓값과 최솟값을 구한다.

05-1 구간 $[-1, 2]$에서 함수 $f(x)=-x^4+2x^2+3$의 최댓값을 M, 최솟값을 m이라 할 때, $M+m$의 값은?

① -3 　　　② -1 　　　③ 1 　　　④ 3 　　　⑤ 5

유형 **06** 미정계수를 포함한 함수의 최대와 최소

닫힌구간 $[-2, 2]$에서 함수 $f(x)=x^3+3x^2+k$의 최댓값이 15일 때, 상수 k의 값은?

① -5 　　　② -3 　　　③ -1 　　　④ 3 　　　⑤ 5

•해결 Point•

$-2 \leq x \leq 2$에서 극댓값, 극솟값, $f(-2)$, $f(2)$의 값을 구하여 가장 큰 값이 15임을 이용한다.

06-1 구간 $[-1, 2]$에서 함수 $f(x)=x^3+6x^2-15x+k$의 최솟값이 -2일 때, 함수 $f(x)$의 최댓값은? (단, k는 상수이다.)

① 22 　　　② 24 　　　③ 26 　　　④ 28 　　　⑤ 30

대표 유형 다지기

01

함수 $f(x)=x^3-3x^2-9x+2$는 닫힌구간 $[-1, a]$에서 감소한다고 한다. a의 최댓값은?

① 0   ② 1   ③ 2

④ 3   ⑤ 4

02

함수 $f(x)=-x^3+ax^2+bx+3$이 증가하는 x의 값의 범위가 $-1 \leq x \leq 3$이다. 상수 a, b에 대하여 $a+b$의 값은?

① 10   ② 11   ③ 12

④ 13   ⑤ 14

03

함수 $f(x)=x^3-ax^2+3ax$가 모든 실수 x에서 증가하기 위한 정수 a의 개수는?

① 8   ② 9   ③ 10

④ 11   ⑤ 12

04

함수 $f(x)=x^3-x^2+px$가 $x \geq 2$에서 증가하도록 하는 실수 p의 최솟값은?

① -8 ② -6 ③ -2

④ 2   ⑤ 4

05

함수 $f(x)=x^3-x^2-x+3$이 $x=a$에서 극솟값 b를 가질 때, $a+b$의 값은?

① 2   ② 3   ③ 4

④ 5   ⑤ 6

06

함수 $f(x)=x^3+ax^2+bx$는 $x=-1$에서 극댓값을 갖고, $x=2$에서 극솟값을 갖는다. 상수 a, b에 대하여 ab의 값을 구하시오.

07

함수 $f(x)=-x^3+3x+2$에 대하여 옳은 것만을 〈보기〉에서 있는 대로 고른 것은?

> **보기**
> ㄱ. 함수 $f(x)$는 닫힌구간 $[-1, 1]$에서 증가한다.
> ㄴ. 함수 $f(x)$는 $x=-1$에서 극댓값을 갖는다.
> ㄷ. 함수 $f(x)$의 극솟값은 0이다.

① ㄱ   ② ㄴ   ③ ㄷ

④ ㄱ, ㄷ   ⑤ ㄴ, ㄷ

08 중요

함수 $f(x)=x^3-ax^2+3x-5$가 극값을 갖지 않도록 하는 정수 a의 개수는?

① 4   ② 5   ③ 6

④ 7   ⑤ 8

09

함수 $f(x)=x^3-ax^2+(a^2-2a)x+1$이 극값을 가질 때, 정수 a의 개수를 구하시오.

10

함수 $y=f(x)$의 도함수 $y=f'(x)$의 그래프가 그림과 같을 때, 함수 $f(x)$가 극댓값을 갖는 x의 값의 합을 구하시오.

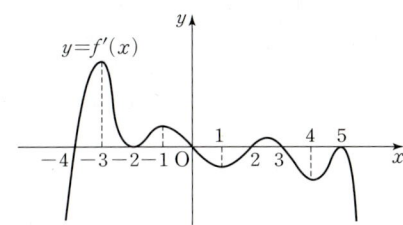

11 중요

함수 $y=f(x)$의 도함수 $y=f'(x)$의 그래프가 그림과 같을 때, 옳은 것만을 〈보기〉에서 있는 대로 고른 것은?

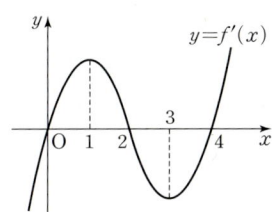

보기
ㄱ. 함수 $f(x)$는 구간 $[1, 3]$에서 감소한다.
ㄴ. 함수 $f(x)$는 구간 $[2, 4]$에서 감소하다가 증가한다.
ㄷ. 함수 $f(x)$는 $x=2$에서 극댓값을 갖는다.

① ㄱ   ② ㄴ   ③ ㄷ
④ ㄱ, ㄷ   ⑤ ㄴ, ㄷ

12

구간 $[-2, 1]$에서 함수 $f(x)=x^4-2x^2-3$의 최댓값을 M, 최솟값을 m이라 할 때, $M+m$의 값을 구하시오.

13

함수 $f(x)=x^4+4a^3x-2$의 최솟값이 -5일 때, 양수 a의 값은?

① 1   ② 2   ③ 3
④ 4   ⑤ 5

14

함수 $f(x)=3x^4-4x^3+6x^2-12x+2a$의 최솟값이 -3일 때, 상수 a의 값은?

① -2 ② -1 ③ 0
④ 1   ⑤ 2

15

구간 $[1, 4]$에서 함수 $f(x)=2x^3-6x^2+p$의 최댓값과 최솟값을 각각 M, m이라 하자. $M+m=10$일 때, 상수 p의 값은?

① -9 ② -7 ③ -5
④ 5   ⑤ 7

16 중요

그림과 같이 가로의 길이가 16, 세로의 길이가 6인 직사각형 모양의 종이의 네 모퉁이에서 한 변의 길이가 x인 정사각형을 잘라내고 남은 부분으로 상자를 만들 때, 그 상자의 부피가 최대가 되도록 하는 x의 값은?

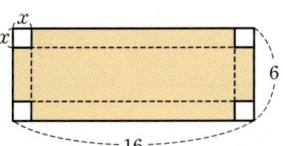

① $\dfrac{2}{3}$ ② 1   ③ $\dfrac{4}{3}$
④ $\dfrac{5}{3}$ ⑤ 2

Ⅱ. 미분 | 교과서 핵심 개념별 **대표 유형 익히기**

개념 ① 방정식에의 활용

(1) 방정식의 실근의 개수 `유형 01`

① 방정식 $f(x)=0$의 실근의 개수는 함수 $y=f(x)$의 그래프와 x축의 교점의 개수와 같다.

② 방정식 $f(x)=k$의 실근의 개수는 함수 $y=f(x)$의 그래프와 직선 $y=k$의 교점의 개수와 같다.

③ 방정식 $f(x)=g(x)$의 실근의 개수는 두 함수 $y=f(x)$, $y=g(x)$의 그래프의 교점의 개수와 같다.

(2) 삼차방정식의 근의 판별 `유형 02`

삼차함수 $f(x)=ax^3+bx^2+cx+d$ $(a>0)$에 대하여 $f'(x)=0$이 서로 다른 두 실근을 가질 때 방정식 $f(x)=0$의 실근의 개수는 다음과 같다.

① (극댓값)×(극솟값)<0 ⟺ 서로 다른 세 실근

② (극댓값)×(극솟값)=0 ⟺ 중근과 다른 한 실근

③ (극댓값)×(극솟값)>0 ⟺ 한 실근과 두 허근

① 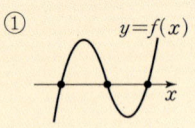 ② 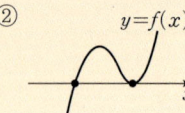 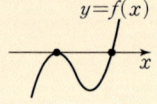 ③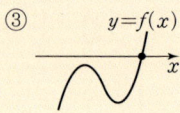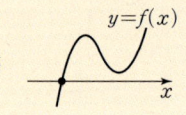

개념 Plus ➕

• 방정식 $f(x)=0$의 실근은 함수 $y=f(x)$의 그래프와 x축의 교점의 x좌표와 같다.

• 방정식 $f(x)=g(x)$의 실근은 두 함수 $y=f(x)$, $y=g(x)$의 그래프의 교점의 x좌표와 같다.

• 삼차함수 $y=f(x)$에 대하여 $f'(x)=0$이 서로 다른 두 실근을 갖지 않을 때, 방정식 $f(x)=0$의 실근의 개수는 오직 하나이다.

유형 01 방정식의 실근의 개수

다음 방정식의 서로 다른 실근의 개수를 구하시오.

(1) $x^3+6x^2-6=0$

(2) $x^3+4x^2+6x-1=0$

(3) $3x^4-8x^3-6x^2+24x+1=0$

(4) $4x^3-1=3x$

01-1 다음 방정식의 서로 다른 실근의 개수를 구하시오.

(1) $2x^3-3x^2-12x-6=0$

(2) $x^3-3x+3=0$

(3) $2x^4-4x^2+1=0$

(4) $x^3+2=3x+4$

• 해결 Point •

방정식 $f(x)=0$의 실근의 개수는 함수 $y=f(x)$의 그래프와 x축의 교점의 개수와 같으므로 $f'(x)=0$을 만족시키는 x의 값과 $f(x)$의 증가와 감소를 나타내는 표를 이용하여 함수 $y=f(x)$의 그래프를 그린다.

유형 02 삼차방정식의 근의 판별

x에 대한 방정식 $x^3-3x+1-a=0$이 서로 다른 세 실근을 갖도록 하는 정수 a의 개수는?

① 1 　　② 2 　　③ 3 　　④ 4 　　⑤ 5

02-1 x에 대한 방정식 $x^3-3x^2-a=0$이 서로 다른 세 실근을 갖도록 하는 모든 정수 a의 값의 합은?

① -6 　　② -5 　　③ -4 　　④ -3 　　⑤ -2

• 해결 Point •

함수 $y=x^3-3x+1-a$의 (극댓값)×(극솟값)<0임을 이용하거나 함수 $y=x^3-3x+1$의 그래프를 그린 후 직선 $y=a$와 세 점에서 만나는 조건을 찾는다.

개념 ② 부등식에의 활용

(1) 부등식에의 활용 `유형 03, 04`

① 어떤 구간에서 부등식 $f(x) > 0$이 성립함을 보이려면
→ 함수 $y = f(x)$의 도함수 $y = f'(x)$를 이용하여 그 구간에서 $f(x)$의 최솟값을 구한 후, $(f(x)$의 최솟값$) > 0$임을 보인다.

참고 $x > a$에서 $f(x)$가 증가하는 함수일 때, $x > a$에서 부등식 $f(x) > 0$이 성립함을 보이려면 $f(a) \geq 0$임을 보이면 충분하다.

② 어떤 구간에서 부등식 $f(x) > g(x)$가 성립함을 보이려면
→ $h(x) = f(x) - g(x)$로 놓고, 그 구간에서 $(h(x)$의 최솟값$) > 0$임을 보인다.

③ 모든 실수 x에 대하여 부등식 $f(x) > 0$이 성립할 조건은 $(f(x)$의 최솟값$) > 0$이다.

개념 Plus +

• 어떤 구간에서 부등식 $f(x) \geq 0$이 성립함을 보이려면 그 구간에서 $(f(x)$의 최솟값$) \geq 0$임을 보인다.

• 모든 실수 x에 대하여 $f(x) \geq 0$이 성립할 조건은 $(f(x)$의 최솟값$) \geq 0$이다.

유형 ③ 주어진 구간에서 부등식이 항상 성립할 조건

$x \geq 0$일 때, 부등식 $x^3 - 3x^2 - a \geq 0$이 항상 성립하도록 하는 실수 a의 최댓값은?

① -4　　　② -2　　　③ 0　　　④ 2　　　⑤ 4

해결 Point

$x \geq 0$일 때, $(f(x)$의 최솟값$) \geq 0$임을 보인다.

03-1 $x > 0$일 때, 부등식 $x^3 - 3x + a \geq 0$이 항상 성립하도록 하는 실수 a의 최솟값은?

① -2　　　② -1　　　③ 0　　　④ 1　　　⑤ 2

유형 ④ 모든 실수에서 부등식이 항상 성립할 조건

모든 실수 x에 대하여 부등식 $x^4 - 2x^2 + a \geq 0$이 항상 성립하도록 하는 실수 a의 최솟값은?

① -1　　　② 0　　　③ 1　　　④ 2　　　⑤ 3

해결 Point

모든 실수 x에 대하여 $f(x) \geq 0$이려면 $(f(x)$의 최솟값$) \geq 0$이어야 한다.

04-1 모든 실수 x에 대하여 부등식 $x^4 - 4x^3 + a \geq 0$이 항상 성립하도록 하는 실수 a의 최솟값은?

① 18　　　② 21　　　③ 24　　　④ 27　　　⑤ 30

개념 ③ 속도와 가속도

(1) 속도와 가속도 유형 05

수직선 위를 움직이는 점 P의 시각 t에서의 위치 x가 $x=f(t)$일 때, 시각 t에서의 점 P의 속도 $v(t)$, 가속도 $a(t)$, 속력 $|v(t)|$는 다음과 같다.

① $v(t)=\dfrac{dx}{dt}=f'(t)$ ② $a(t)=\dfrac{dv}{dt}=v'(t)$ ③ $|v(t)|=|f'(t)|$

(2) 수직선 위의 운동과 그래프 유형 06

수직선 위를 움직이는 두 점 P, Q의 시각 t에서의 위치가 각각 $f(t)$, $g(t)$일 때

① $f(a)=g(a)$이면 $t=a$에서 두 점 P, Q의 위치가 서로 같다.

② $f'(a)=g'(a)$이면 $t=a$에서 두 점 P, Q의 속도가 서로 같다.

③ $f'(a)=0$이고 $t=a$의 좌우에서 $f'(t)$의 부호가 바뀌면 $t=a$를 기점으로 점 P의 운동 방향이 바뀐다. 이때, $t=a$에서 점 P는 순간적으로 정지한다.

개념 Plus⁺

· $t=a$에서 $t=b$까지 점 P의 평균 속도는 $\dfrac{f(b)-f(a)}{b-a}$이며 이것은 함수 $f(t)$의 평균변화율이다.

· 시각 t에서 점 P의 속도는 함수 $f(t)$의 순간변화율, 즉 미분계수 $f'(t)$이다.

· 수직선 위를 움직이는 점 P의 시각 t에서의 속도 $v=f'(t)$에 대하여
  ① $f'(t)>0$일 때, 점 P는 양의 방향으로 움직인다.
  ② $f'(t)<0$일 때, 점 P는 음의 방향으로 움직인다.

유형 05 속도와 가속도

원점을 출발하여 수직선 위를 움직이는 점 P의 시각 t에서의 위치가 $x=t^3-t^2+3t$로 주어질 때, 속도가 4인 순간의 점 P의 가속도는?

① 1   ② 2   ③ 3   ④ 4   ⑤ 5

·해결 Point·

점 P의 시각 t에서의 위치가 $x=f(t)$이므로 속도 v는 $\dfrac{dx}{dt}$이고, 가속도 a는 $\dfrac{dv}{dt}$이다.

05-1 원점을 출발하여 수직선 위를 움직이는 점 P의 시각 t에서의 위치가 $x=t^3-6t^2+9t$이다. 출발 후 점 P의 운동 방향이 처음으로 바뀌는 순간의 점 P의 가속도는?

① -6 ② -4 ③ -2 ④ 0   ⑤ 2

·해결 Point·

운동 방향이 바뀌는 순간의 시각 t는 $v=\dfrac{dx}{dt}=3t^2-12t+9=0$을 만족시키는 t의 값이다.

유형 06 수직선 위의 운동과 그래프

원점을 출발하여 수직선 위를 움직이는 점 P의 시각 t $(0\le t\le 6)$에서의 속도 $v(t)$의 그래프가 그림과 같다. ㈎, ㈏에 알맞은 수를 각각 α, β라 할 때, $\alpha+\beta$의 값을 구하시오.

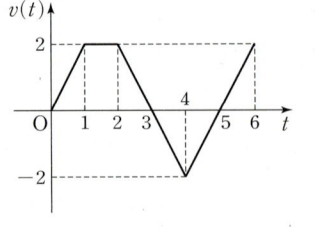

> 점 P는 수직선 위를 움직이는 동안 운동 방향을 ㉮ 번 바꾼다.
> 또한 $4<t<6$일 때, 점 P의 가속도는 ㉯ 로 일정하다.

·해결 Point·

주어진 그래프가 속도 $v(t)$의 그래프이므로 이 그래프의 기울기가 가속도 $a(t)$임을 이용한다.

06-1 위의 **유형 06**의 상황에서 점 P가 음의 방향으로 이동하는 시각은 $a<t<b$일 때, $a+b$의 값을 구하시오.

대표 유형 다지기

정답과 풀이 32쪽

01

x에 대한 방정식 $x^3-3x^2+2-k=0$이 서로 다른 세 실근을 갖도록 하는 정수 k의 개수는?

① 2 　　　　 ② 3 　　　　 ③ 4

④ 5 　　　　 ⑤ 6

02

x에 대한 방정식 $x^3-6x^2+9x-a=0$이 서로 다른 두 실근을 갖도록 하는 모든 실수 a의 값의 합을 구하시오.

03 중요

곡선 $y=x^3-2x$와 직선 $y=x+a$가 서로 다른 세 점에서 만나도록 하는 정수 a의 개수는?

① 1 　　　　 ② 2 　　　　 ③ 3

④ 4 　　　　 ⑤ 5

04

x에 대한 방정식 $x^4-4x^3-8x^2-k=0$이 서로 다른 네 실근을 갖도록 하는 정수 k의 개수를 구하시오.

05

함수 $f(x)=x^3-3x^2-9x+m$에 대하여 곡선 $y=f(x)$가 x축과 접하도록 하는 모든 실수 m의 합은?

① 16 　　　　 ② 18 　　　　 ③ 20

④ 22 　　　　 ⑤ 24

06

함수 $y=f(x)$의 그래프는 곡선 $y=2x^3-6x$를 y축의 방향으로 k만큼 평행이동시킨 것과 일치한다. 방정식 $f(x)=0$이 서로 다른 두 실근을 가지도록 하는 양수 k의 값은?

① 3 　　　　 ② 4 　　　　 ③ 5

④ 6 　　　　 ⑤ 7

07

$x \geq 0$일 때, $2x^3-3kx^2+1 \geq 0$이 항상 성립하도록 하는 양수 k의 최댓값은?

① 1 　　　　 ② 2 　　　　 ③ 3

④ 4 　　　　 ⑤ 5

08 중요

모든 실수 x에 대하여 부등식 $x^4+4x+a \geq 0$이 항상 성립하도록 하는 실수 a의 최솟값은?

① -1 　　　　 ② 0 　　　　 ③ 1

④ 2 　　　　 ⑤ 3

09 중요

두 함수 $f(x)=x^3$, $g(x)=3x^2+a$에 대하여 $x \geq 0$일 때, $f(x) \geq g(x)$가 항상 성립하도록 하는 실수 a의 최댓값은?

① -7 ② -6 ③ -5
④ -4 ⑤ -3

10

수직선 위를 움직이는 점 P의 시각 t에서의 위치가 $x=t^3-3t^2-9t$이다. 출발 후 점 P의 운동 방향이 바뀌는 순간의 점 P의 위치는?

① -27 ② -22 ③ -20
④ -11 ⑤ 5

11

원점을 출발하여 수직선 위를 움직이는 점 P의 시각 t에서의 위치가 $x=t^3-9t^2+15t$이고, 점 P가 출발 후 운동 방향을 두 번 바꾼다고 한다. 점 P가 운동 방향을 바꾸는 시각을 각각 a, b라 할 때, $b-a$의 값은? (단, $a<b$이다.)

① 3 ② 4 ③ 5
④ 6 ⑤ 7

12

수직선 위를 움직이는 두 점 P, Q의 시각 t에서의 위치는 각각 $P(t)=t^2-5t-6$, $Q(t)=2t^2-15t$이다. 두 점 P, Q가 서로 반대 방향으로 움직이는 시각 t의 범위는?

① $\frac{1}{2}<t<1$ ② $1<t<\frac{3}{2}$ ③ $\frac{3}{2}<t<\frac{9}{4}$
④ $2<t<\frac{13}{4}$ ⑤ $\frac{5}{2}<t<\frac{15}{4}$

13

지면으로부터 35 m 높이에서 30 m/s의 속도로 똑바로 위로 던져 올린 물체의 t초 후의 높이 x m는 $x=35+30t-5t^2$이다. 물체가 최고 높이에 도달할 때까지 걸린 시간을 α초, 그때의 높이를 β m라 할 때, $\alpha+\beta$의 값을 구하시오.

14

원점을 출발하여 수직선 위를 움직이는 점 P의 시각 t ($0 \leq t \leq 5$)에서의 위치 $x=f(t)$의 그래프가 그림과 같을 때, 옳은 것만을 〈보기〉에서 있는 대로 고른 것은?

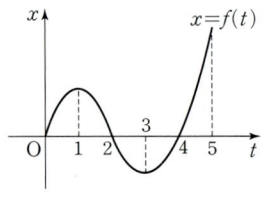

보기
ㄱ. 점 P는 출발 후 운동 방향을 1번 바꾼다.
ㄴ. 점 P는 출발 후 원점을 2번 지난다.
ㄷ. $t=1$, $t=3$일 때 점 P의 속도는 0이다.

① ㄱ ② ㄴ ③ ㄱ, ㄷ
④ ㄴ, ㄷ ⑤ ㄱ, ㄴ, ㄷ

15 중요

가로, 세로의 길이가 각각 3 cm, 2 cm인 직사각형이 있다. 가로, 세로의 길이가 매초 1 cm의 비율로 각각 늘어난다고 할 때, 길이가 늘어나기 시작한 지 5초 후의 넓이의 변화율은 a cm²/s이다. 상수 a의 값을 구하시오.

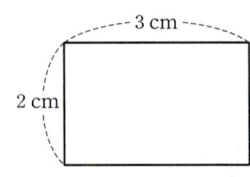

III

적분

01 | 부정적분

개념 ① 부정적분

(1) 부정적분의 정의 유형 01

① 함수 $F(x)$의 도함수가 $f(x)$일 때, 즉 $F'(x)=f(x)$일 때 $F(x)$를 함수 $f(x)$의 부정적분 이라 하고, $f(x)$의 모든 부정적분을 기호로 $\int f(x)dx$와 같이 나타낸다.

② 함수 $f(x)$의 한 부정적분을 $F(x)$라 하면
$$\int f(x)dx=F(x)+C \ (단, C는 적분상수)$$

(2) 부정적분과 미분의 관계 유형 02

① $\int\left\{\dfrac{d}{dx}f(x)\right\}dx=f(x)+C$ (단, C는 적분상수)
   미분 후 적분 → 원래 함수$+C$

② $\dfrac{d}{dx}\left\{\int f(x)dx\right\}=f(x)$
   적분 후 미분 → 원래 함수

개념 Plus

• $\int f(x)dx=F(x)+C$에서 $f(x)$를 피적분함수, C를 적분상수, x를 적분변수라 한다.

• 부정적분은 미분의 역연산이다.
  $F'(x)=f(x)$일 때

$$\underbrace{\int f(x)dx}_{미분}=\underbrace{F(x)}_{적분상수}+C$$

부정적분

개념 Check

1. 다음 등식을 만족시키는 함수 $f(x)$를 구하시오. (단, C는 적분상수)

(1) $\int f(x)dx=2x^3+x^2+3x+C$

(2) $\int f(x)dx=-\dfrac{1}{4}x^4-\dfrac{1}{2}x^2+C$

2. 다음을 구하시오.

(1) $\int\left\{\dfrac{d}{dx}(x^2+2x)\right\}dx$

(2) $\dfrac{d}{dx}\left\{\int(2x^3-x+1)dx\right\}$

유형 01 부정적분의 정의

$\int f(x)dx=3x^3+2x^2+x+C$를 만족시키는 함수 $f(x)$에 대하여 $f(-1)$의 값은?

(단, C는 적분상수)

① 0   ② 2   ③ 4   ④ 6   ⑤ 8

해결 Point
부정적분의 정의에 의하여 주어진 식의 양변을 x에 대하여 미분하여 $f(x)$를 구한다.

01-1 $\int f(x)dx=\dfrac{1}{4}x^4-x^2+5x+C$를 만족시키는 함수 $f(x)$에 대하여 $f(2)$의 값을 구하시오.

(단, C는 적분상수)

유형 02 부정적분과 미분의 관계

모든 실수 x에 대하여 $\dfrac{d}{dx}\left\{\int(ax^2-3x+2)dx\right\}=6x^2+bx+2$가 성립할 때, $a+b$의 값을 구하시오. (단, a, b는 상수이다.)

해결 Point
$\dfrac{d}{dx}\left\{\int f(x)dx\right\}=f(x)$임을 이용한다.

02-1 모든 실수 x에 대하여 $\dfrac{d}{dx}\left\{\int(x-1)(x^2+ax-1)dx\right\}=bx^3-3x^2+cx+1$이 성립할 때, $a+b+c$의 값은? (단, a, b, c는 상수이다.)

① 0   ② 1   ③ 2   ④ 3   ⑤ 4

개념 ② 다항함수의 부정적분

(1) 다항함수의 부정적분 유형 03

① n이 자연수일 때, $\int x^n\,dx = \dfrac{1}{n+1}x^{n+1}+C$ (단, C는 적분상수)

② $\int 1\,dx = x+C$ (단, C는 적분상수)

③ 함수의 실수배, 합, 차의 부정적분

(i) $\int kf(x)\,dx = k\int f(x)\,dx$ (단, k는 0이 아닌 실수)

(ii) $\int \{f(x)\pm g(x)\}\,dx = \int f(x)\,dx \pm \int g(x)\,dx$ (복부호동순)

> **개념 Plus ➕**
>
> • $\int 1\,dx = \int dx$로 나타낼 수 있다.
>
> • 함수의 합, 차의 부정적분은 세 개 이상의 함수에 대해서도 성립한다.

1. 다음 부정적분을 구하시오.

(1) $\int 3\,dx$

(2) $\int 4x^3\,dx$

(3) $\int \left(-\dfrac{1}{3}x^2\right)dx$

(4) $\int \dfrac{1}{2}x^4\,dx$

2. 다음 부정적분을 구하시오.

(1) $\int (2x+3)\,dx$

(2) $\int (4x^3-6x^2-3)\,dx$

(3) $\int x(2x+1)\,dx$

(4) $\int (x-1)^2(x+1)\,dx$

 **03** 다항함수의 부정적분

다항함수 $f(x)$가 $f(x)=\displaystyle\int(-3x^2-x+1)\,dx$, $f(2)=1$을 만족시킬 때, $f(0)$의 값을 구하시오.

> **• 해결 Point •**
> 부정적분을 구할 때, 적분상수 C를 빠뜨리지 않도록 주의한다.

03-1 다항함수 $f(x)$에 대하여 $f(x)=\displaystyle\int x(x+1)(x-1)\,dx$, $f(1)=0$일 때, $4f(0)$의 값은?

① 1   ② 2   ③ 3   ④ 4   ⑤ 5

03-2 다항함수 $f(x)$에 대하여 $f'(x)=4-x^2$이고 $f(3)=4$일 때, $f(-3)$의 값은?

① -2 ② -1 ③ 0   ④ 1   ⑤ 2

03-3 다항함수 $f(x)$에 대하여 $f'(x)=ax^3-5$이고 $f(0)=2$, $f(1)=3$일 때, 상수 a의 값을 구하시오.

> **• 해결 Point •**
> $f'(x)=ax^3-5$를 적분하여 $f(x)$를 구한 다음 $x=0$, $x=1$을 각각 대입하여 미지수를 구한다.

대표 유형 다지기

정답과 풀이 36쪽

01

$\int \{f(x)-1\}dx = x^4 - x^3 + \frac{1}{2}x^2 + x + 1$을 만족시키는 함수 $f(x)$에 대하여 $f(0)$의 값을 구하시오.

02

$\int (x-1)^2 f(x)dx = 4x^3 - 2x + 1$을 만족시키는 함수 $f(x)$에 대하여 $f(2)$의 값은?

① 10   ② 18   ③ 26

④ 38   ⑤ 46

03

모든 실수 x에 대하여

$$\int (3x^2 + ax + b)dx = cx^3 - \frac{1}{2}x^2 - 4x + 1004$$

가 성립할 때, 상수 a, b, c에 대하여 abc의 값을 구하시오.

04

다항함수 $f(x)$가

$\int f(x)dx = 2x^3 - 3x^2 + C$ (C는 적분상수)를 만족시킬 때,

$\dfrac{1}{f(2)} + \dfrac{1}{f(3)} + \dfrac{1}{f(4)} + \dfrac{1}{f(5)}$의 값은?

① $\dfrac{1}{15}$ ② $\dfrac{2}{15}$ ③ $\dfrac{1}{5}$

④ $\dfrac{4}{15}$ ⑤ $\dfrac{1}{3}$

05

함수 $f(x) = -2x^3 + 5x^2$에 대하여

$$G(x) = \int \left[\frac{d}{dx}\{f(x)+4\} \right] dx$$

이고 $G(1)=4$일 때, $G(2)$의 값을 구하시오.

06 중요

다항함수 $f(x)$에 대하여

$$f(x) = 3\int x^2 dx - \int x(x+1)dx, \quad f(0) = 1$$

일 때, $f(6)$의 값을 구하시오.

07

다항함수 $f(x)$에 대하여

$$f(x) = \int (x^3-1)dx - \int (x-1)(x^2-1)dx$$

이고 $f(0)=1$일 때, $f(-1)$의 값은?

① $\dfrac{11}{3}$ ② $\dfrac{19}{6}$ ③ $\dfrac{8}{3}$

④ $\dfrac{13}{6}$ ⑤ $\dfrac{5}{3}$

08

다항함수 $f(x)$에 대하여 $f'(x) = 2x - 3$이고 함수 $y=f(x)$의 그래프는 직선 $y=1$에 접한다. $f(1)$의 값은?

① 1   ② $\dfrac{5}{4}$ ③ $\dfrac{3}{2}$

④ $\dfrac{7}{4}$ ⑤ 2

02 정적분

개념 ① 정적분 중요

(1) 정적분의 정의

기호 $\left[\,F(x)\,\right]_a^b$로 나타낸다.

닫힌구간 $[a,\ b]$에서 연속인 함수 $f(x)$의 한 부정적분을 $F(x)$라 할 때, $F(b)-F(a)$를

$f(x)$의 a에서 b까지의 정적분이라 하고, 기호로 $\displaystyle\int_a^b f(x)dx$와 같이 나타낸다. 즉,

$$\int_a^b f(x)dx=\left[\,F(x)\,\right]_a^b=F(b)-F(a)$$

(2) 정적분의 성질 유형 01

두 함수 $f(x)$, $g(x)$가 임의의 세 실수 a, b, c를 포함하는 닫힌구간에서 연속일 때

① $\displaystyle\int_a^b kf(x)dx=k\int_a^b f(x)dx$ (단, k는 실수)

② $\displaystyle\int_a^b \{f(x)\pm g(x)\}dx=\int_a^b f(x)dx\pm\int_a^b g(x)dx$ (복부호동순)

③ $\displaystyle\int_a^b f(x)dx=\int_a^c f(x)dx+\int_c^b f(x)dx$

개념 Plus ➕

• 정적분의 정의에 의하여

① $\displaystyle\int_a^a f(x)dx=0$

② $\displaystyle\int_a^b f(x)dx=-\int_b^a f(x)dx$

• 닫힌구간 $[a,\ b]$에서 연속인 함수 $f(x)$에 대하여

$$f(x)=\begin{cases}g(x)\,(a\leq x<c)\\h(x)\,(c\leq x\leq b)\end{cases}$$

이면

$$\int_a^b f(x)dx$$
$$=\int_a^c g(x)dx+\int_c^b h(x)dx$$

개념 Check

1. 다음 정적분의 값을 구하시오.

(1) $\displaystyle\int_1^2 3x^2\,dx$

(2) $\displaystyle\int_5^5 (x^4-1)^2\,dx$

(3) $\displaystyle\int_{-1}^{-3} 4x^3\,dx$

(4) $\displaystyle\int_{-2}^4 (2x-1)\,dx$

(5) $\displaystyle\int_{-2}^1 3(x+2)(x-2)\,dx$

유형 01 정적분의 성질

정적분 $\displaystyle\int_1^3 (3x^2-2x)dx-\int_1^0 (3x^2-2x)dx$의 값을 구하시오.

• 해결 Point •

먼저 $\displaystyle\int_a^b f(x)dx=-\int_b^a f(x)dx$ 임을 이용한다.

01-1 정적분 $\displaystyle\int_1^3 (x^3+1)dx+\int_3^1 (x^3-2x)dx$의 값을 구하시오.

01-2 함수 $f(x)=\begin{cases}(x-1)^2 & (x<0)\\x+1 & (x\geq0)\end{cases}$ 일 때, 정적분 $\displaystyle\int_{-3}^2 f(x)dx$의 값을 구하시오.

• 해결 Point •

함수 $f(x)$가 $x<0$, $x\geq0$에서 다르게 정의되어 있으므로

$$\int_{-3}^2 f(x)dx$$
$$=\int_{-3}^0 f(x)dx+\int_0^2 f(x)dx$$

01-3 정적분 $\displaystyle\int_{-1}^3 4|x(x-3)^2|\,dx$의 값을 구하시오.

• 해결 Point •

절댓값 기호 안이 양수일 때와 음수일 때로 구간을 나누어 적분한다.

개념 ② 정적분의 기하적 의미

(1) **정적분의 기하적 의미**

함수 $f(x)$가 닫힌구간 $[a, b]$에서 연속이고 $f(x) \geq 0$일 때, 정적분
$\int_a^b f(x)dx$는 곡선 $y=f(x)$와 x축 및 두 직선 $x=a$, $x=b$로 둘러싸
인 도형의 넓이 S와 같다.

참고 $f(x) \leq 0$일 때, $\int_a^b f(x)dx = -S$이다.

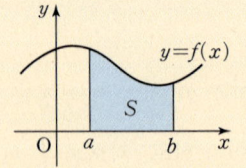

(2) **우함수와 기함수의 정적분** [유형 02]

함수 $f(x)$가 닫힌구간 $[-a, a]$에서 연속일 때

① $f(x)$가 우함수, 즉 모든 실수 x에 대하여 $f(-x)=f(x)$이면
그래프가 y축 대칭

$$\int_{-a}^a f(x)dx = 2\int_0^a f(x)dx$$

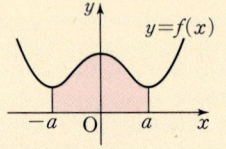

② $f(x)$가 기함수, 즉 모든 실수 x에 대하여 $f(-x)=-f(x)$이면
그래프가 원점 대칭

$$\int_{-a}^a f(x)dx = 0$$

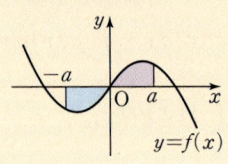

개념 Plus

• 다항함수의 우함수와 기함수

① $f(-x)=f(x)$이면
$f(x)$는 1, x^2, x^4, …
➡ $f(x)=x^{(\text{짝수})}$ (상수항은 x^0)

② $f(-x)=-f(x)$이면
$f(x)$는 x, x^3, x^5, …
➡ $f(x)=x^{(\text{홀수})}$

개념 Feedback

• 대칭이동한 도형의 방정식은?
$f(x, y)=0$이 나타내는 도형을
① x축에 대하여 대칭이동하면
$f(x, -y)=0$
② y축에 대하여 대칭이동하면
$f(-x, y)=0$
③ 원점에 대하여 대칭이동하면
$f(-x, -y)=0$

유형 ② 우함수와 기함수의 정적분

정적분 $\int_{-3}^3 (1004x^3 + 3x^2 + 2021x - 1)dx$의 값을 구하시오.

해결 Point

$\int_{-3}^3 x^{(\text{홀수})}dx = 0$,
$\int_{-3}^3 x^{(\text{짝수})}dx = 2\int_0^3 x^{(\text{짝수})}dx$
임을 이용한다.

02-1 정적분 $\int_{-2}^2 (5x^5 + 6x^2 + 17x - 2)dx$의 값을 구하시오.

02-2 정적분 $\int_0^1 (13x^9 - 8x^5 + 3x^2 + 2x)dx - \int_0^{-1} (13x^9 - 8x^5 + 3x^2 + 2x)dx$의 값을 구하시오.

02-3 정적분 $\int_{-1}^{337} (6x^{17} + 9x^2 - 15x)dx - 3\int_1^{337} (2x^{17} + 3x^2 - 5x)dx$의 값을 구하시오.

(1) 정적분으로 나타내어진 함수의 미분 유형 03

함수 $f(x)$가 닫힌구간 $[a, b]$에서 연속일 때

① $\dfrac{d}{dx}\displaystyle\int_a^x f(t)dt = f(x)$ (단, $a < x < b$)

미분기호　피적분함수 $f(t)$의 t 대신 x 대입

② $\dfrac{d}{dx}\displaystyle\int_x^{x+a} f(t)dt = f(x+a) - f(x)$

(2) 정적분으로 나타내어진 함수의 극한

① $\displaystyle\lim_{x \to a}\dfrac{1}{x-a}\int_a^x f(t)dt = f(a)$

② $\displaystyle\lim_{x \to 0}\dfrac{1}{x}\int_a^{x+a} f(t)dt = f(a)$

개념 Plus +

・적분과 미분의 관계
　함수 $f(x)$가 닫힌구간 $[a, b]$에서 연속이고 $a < x < b$일 때
　$\dfrac{d}{dx}\displaystyle\int_a^x f(t)dt = f(x)$

 개념 Check

1. 모든 실수 x에 대하여 다음 등식이 성립할 때, $f(x)$를 구하시오.

(1) $f(x) = \dfrac{d}{dx}\displaystyle\int_2^x (3t-1)dt$　　(2) $f(x) = \dfrac{d}{dx}\displaystyle\int_x^{x+1} (t^2 + t - 1)dt$

2. 다음 극한값을 구하시오.

(1) $\displaystyle\lim_{x \to 1}\dfrac{1}{x-1}\int_1^x (t+1)^2 dt$　　(2) $\displaystyle\lim_{x \to 0}\dfrac{1}{x}\int_2^{x+2} (2t^3 + 3t^2 - 2)dt$

 유형 **03** 정적분으로 나타내어진 함수

함수 $f(x) = \dfrac{d}{dx}\displaystyle\int_0^x (2t^3 - 5t + 6)dt$에 대하여 $f(1)$의 값을 구하시오.

・해결 Point・
$\dfrac{d}{dx}\displaystyle\int_a^x f(t)dt = f(x)$
임을 이용한다.

03-1 함수 $f(x) = \dfrac{d}{dx}\displaystyle\int_{273}^x (6t^5 + 3t^2 + 7)dt$에 대하여 $f(-1)$의 값을 구하시오.

03-2 함수 $f(x) = \displaystyle\int_{-1}^x (5t^2 - 2|t| + 3)dt$에 대하여 $f'(-2)$의 값을 구하시오.

・해결 Point・
$f(x) = \displaystyle\int_{-1}^x (5t^2 - 2|t| + 3)dt$
의 양변을 x에 대하여 미분한다.

03-3 $\displaystyle\lim_{x \to 2}\dfrac{1}{x-2}\int_2^x (3t^3 + 2t^2 + t + 1)dt$의 값을 구하시오.

・해결 Point・
$\displaystyle\lim_{x \to a}\dfrac{1}{x-a}\int_a^x f(t)dt = f(a)$
임을 이용한다.

대표 유형 다지기

01

정적분 $\int_{-1}^{2} 5(x-1)(x+1)(x^2+1)\,dx$의 값은?

① 12   ② 14   ③ 16

④ 18   ⑤ 20

02 （중요）

정적분

$$\int_{1004}^{1004} (4x^3-2x)\,dx + \int_{1}^{2} (x-1)(3x+1)\,dx$$

의 값을 구하시오.

03

정적분 $\int_{1}^{2} \dfrac{t^3+1}{t^2-t+1}\,dt$의 값은?

① 2   ② $\dfrac{5}{2}$ ③ 3

④ $\dfrac{7}{2}$ ⑤ 4

04

정적분

$$\int_{0}^{1} (1+2x+3x^2+4x^3+\cdots+50x^{49})\,dx$$

의 값을 구하시오.

05

정적분 $2\int_{-4}^{-1} (x^2-1)\,dx + \int_{-4}^{-1} (3+2t-t^2)\,dt$의 값을 구하시오.

06

정적분 $\int_{0}^{3} 3(x+1)^2\,dx - \int_{0}^{-2} 3(x+1)^2\,dx$의 값은?

① 59   ② 61   ③ 63

④ 65   ⑤ 67

07

함수 $y=f(x)$의 그래프가 그림과 같을 때, 정적분 $\int_{0}^{3} 3xf(x)\,dx$의 값은?

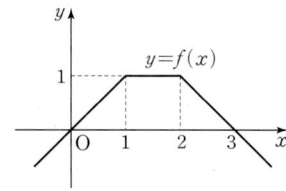

① 7   ② 8

③ 9   ④ 10

⑤ 11

08

정적분 $\int_{-1}^{2} (|x|+|x-1|)\,dx$의 값은?

① 1   ② 3   ③ 5

④ 7   ⑤ 9

09 중요

다항함수 $f(x)$가

$$f(x)=x^3-3x^2+\int_0^2 f(t)dt$$

를 만족시킬 때, $f(1)$의 값을 구하시오.

10

정적분

$$\int_{-2}^1 (2x^3-17x+1)\,dx+\int_1^2 (2x^3-17x+1)\,dx$$

의 값은?

① $\dfrac{1}{2}$ ② $\dfrac{2}{3}$ ③ 1

④ 2 ⑤ 4

11 중요

$\displaystyle\int_{-a}^a (3x^{31}-5x^{11}+1)\,dx=a^2-4$를 만족시키는 모든 실수 a의 값의 합은?

① -4 ② -2 ③ 0

④ 2 ⑤ 4

12

다항함수 $f(x)$가 모든 실수 x에 대하여

$$\frac{d}{dx}\int_a^x f(t)dt=x^3+3x^2+6$$

을 만족시킬 때, $f(-1)-f'(-1)$의 값은? (단, a는 상수이다.)

① 3 ② 5 ③ 7

④ 9 ⑤ 11

13

함수 $f(x)=\displaystyle\int_{-2}^x (t^2-|t|)dt$에 대하여 $f(-2)+f'(-2)$의 값은?

① 1 ② 2 ③ 3

④ 4 ⑤ 5

14 중요

다항함수 $f(x)$가 모든 실수 x에 대하여

$$\int_2^x f(t)dt=x^3-ax-2$$

를 만족시킬 때, $f(a)$의 값을 구하시오. (단, a는 상수이다.)

15

다항함수 $f(x)$가 모든 실수 x에 대하여

$$\int_{-1}^x f(t)dt=xf(x)-2x^3+6x^2+5$$

를 만족시킬 때, $f(0)$의 값은?

① -5 ② -4 ③ -3

④ -2 ⑤ -1

16

$\displaystyle\lim_{h\to 0}\frac{1}{h}\int_{-2}^{h-2}(|t|^3+|t|)dt$의 값은?

① 4 ② 6 ③ 8

④ 10 ⑤ 12

개념 ① 곡선과 x축 사이의 넓이

(1) 곡선과 x축 사이의 넓이   유형 01

함수 $f(x)$가 닫힌구간 $[a, b]$에서 연속일 때, 곡선 $y=f(x)$와 x축 및 두 직선 $x=a$, $x=b$로 둘러싸인 도형의 넓이 S는

$$S=\int_a^b |f(x)| dx$$

① $f(x)\ge 0$일 때, $S=\int_a^b f(x)dx$

② $f(x)\le 0$일 때, $S=\int_a^b \{-f(x)\}dx$

참고 닫힌구간 $[a, b]$에서 $f(x)\ge 0$인 경우와 $f(x)\le 0$인 경우가 모두 있을 때는 구간을 나누어 넓이를 구한다.

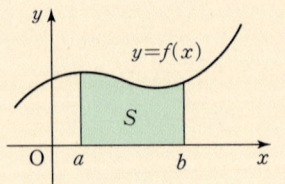

개념 Plus +

• 곡선과 y축 사이의 넓이
함수 $g(y)$가 닫힌구간 $[c, d]$에서 연속일 때, 곡선 $x=g(y)$와 y축 및 두 직선 $y=c$, $y=d$로 둘러싸인 도형의 넓이 S는

$$S=\int_c^d |g(y)| dy$$

개념 Check

1. 다음 곡선과 x축으로 둘러싸인 도형의 넓이를 구하시오.

(1) $y=x^2-4x$

(2) $y=-x^2+3x+4$

(3) $y=(x+1)^2(x-2)$

(4) $y=x(x-2)(x+2)$

유형 01 곡선과 x축 사이의 넓이

곡선 $y=x^2-2x$와 x축 및 두 직선 $x=1$, $x=4$로 둘러싸인 도형의 넓이를 구하시오.

• 해결 Point •
$y=x^2-2x$의 그래프를 그려 y의 값이 양수인 구간과 음수인 구간으로 나눈다.

01-1 곡선 $y=x^2-3x+2$와 x축 및 y축으로 둘러싸인 도형의 넓이를 구하시오.

01-2 곡선 $y=x^3-x^2-2x$와 x축으로 둘러싸인 도형의 넓이를 S라 할 때, $12S$의 값을 구하시오.

01-3 곡선 $y=-x^2+ax$와 x축으로 둘러싸인 도형의 넓이가 $\dfrac{9}{2}$일 때, 양수 a의 값을 구하시오.

개념 ② 두 곡선 사이의 넓이

(1) 두 곡선 사이의 넓이 유형 02, 03

두 함수 $f(x)$, $g(x)$가 닫힌구간 $[a, b]$에서 연속일 때, 두 곡선 $y=f(x)$, $y=g(x)$ 및 두 직선 $x=a$, $x=b$로 둘러싸인 도형의 넓이 S는

$$S=\int_a^b |f(x)-g(x)|\,dx$$

이때, 함수 $f(x)-g(x)$의 부호에 따라 구간을 나누어 구한다.

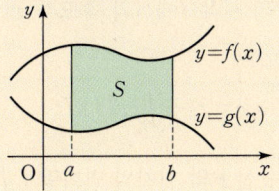

개념 Plus

• 두 곡선으로 둘러싸인 도형의 넓이를 구할 때
❶ 두 곡선의 교점의 x좌표를 구한다.
❷ 그래프를 이용하여 $f(x) \geq g(x)$인 구간과 $f(x) \leq g(x)$인 구간으로 나누어 적분한다.

유형 02 곡선과 직선 사이의 넓이

곡선 $y=x^2-3x$와 직선 $y=2x-4$로 둘러싸인 도형의 넓이를 S라 할 때, $6S$의 값을 구하시오.

해결 Point

곡선과 직선의 교점의 x좌표를 구하여 곡선과 직선을 좌표평면 위에 그려 본다.

02-1 곡선 $y=x^3-x^2+2$와 직선 $y=x+1$로 둘러싸인 도형의 넓이를 S라 할 때, $S=\dfrac{q}{p}$이다. $p+q$의 값을 구하시오. (단, p와 q는 서로소인 자연수이다.)

유형 03 두 곡선 사이의 넓이

두 곡선 $y=x^2-2x+4$, $y=-2x^2+10x-5$로 둘러싸인 도형의 넓이를 구하시오.

해결 Point

두 곡선의 교점의 x좌표를 구하여 두 곡선을 좌표평면 위에 그려 본다.

03-1 두 곡선 $y=x^3+x^2+2x$, $y=x^2+5x-2$로 둘러싸인 도형의 넓이를 S라 할 때, $S=\dfrac{q}{p}$이다. $p+q$의 값을 구하시오. (단, p와 q는 서로소인 자연수이다.)

03-2 두 곡선 $y=x^2-x$, $y=x^3+x^2-2x$로 둘러싸인 도형의 넓이를 S라 할 때, $6S$의 값을 구하시오.

개념 ③ 속도와 거리

(1) 속도와 거리 유형 04

수직선 위를 움직이는 점 P의 시각 t에서의 속도가 $v(t)$이고, 시각 $t=t_0$에서의 점 P의 위치가 x_0일 때

① 시각 t에서 점 P의 위치 : $x=x_0+\int_{t_0}^{t}v(t)dt$

② 시각 $t=a$에서 $t=b$까지 점 P의 위치의 변화량 : $\int_{a}^{b}v(t)dt$

③ 시각 $t=a$에서 $t=b$까지 점 P가 움직인 거리 : $\int_{a}^{b}|v(t)|\,dt$

• 시각 $t=a$에서 $t=b$까지 점 P가 움직인 거리는
 (i) $v(t)\geq0$일 때
$$\int_{a}^{b}v(t)dt$$
 (ii) $v(t)\leq0$일 때
$$\int_{a}^{b}\{-v(t)\}dt$$

개념 Check

1. 좌표가 1인 점을 출발하여 수직선 위를 움직이는 점 P의 시각 t에서의 속도가 $v(t)=t^2-3t+2$일 때, 다음을 구하시오.
   (1) 시각 $t=1$에서 점 P의 위치
   (2) 시각 $t=1$에서 $t=3$까지 점 P의 위치의 변화량
   (3) 시각 $t=1$에서 $t=3$까지 점 P가 움직인 거리

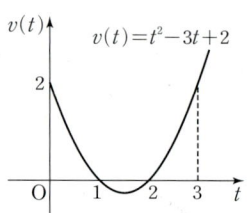

유형 04 속도와 거리

매초 48 m의 일정한 속도로 달리던 자동차가 멈춰서기 위하여 제동을 걸기 시작한 지 t초 후의 속도 $v(t)$는 $v(t)=48-6t$(m/s)라 한다. 이 자동차가 제동을 건 후 멈추기까지 움직인 거리가 a m일 때, 상수 a의 값을 구하시오.

• 해결 Point •
자동차가 멈추려면 $v(t)=0$임을 이용한다.

04-1 직선 철로에서 매초 30 m의 일정한 속도로 달리던 열차가 제동을 걸기 시작한 지 t초 후의 속도 $v(t)$는 $v(t)=30-5t$(m/s)라 한다. 이 열차가 도착 지점에 정확히 멈추려면 도착 지점 몇 m 전부터 제동을 걸어야 하는가?

① 80 m   ② 85 m   ③ 90 m   ④ 95 m   ⑤ 100 m

04-2 50 m 높이의 건물 옥상에서 공을 지면과 수직이 되도록 위로 던질 때, 공을 던진 지 t초 후의 공의 속도 $v(t)$는 $v(t)=20-10t$(m/s)라 한다. 지면으로부터의 공의 최대 높이는?

① 55 m   ② 60 m   ③ 65 m   ④ 70 m   ⑤ 75 m

• 해결 Point •
위로 던져 올려진 공이 최대 높이에 도달할 때, $v(t)=0$임을 이용한다.

대표 유형 다지기

정답과 풀이 44쪽

01
곡선 $y=3x^2-12x$와 x축으로 둘러싸인 도형의 넓이는?

① 29   ② 30   ③ 31

④ 32   ⑤ 33

02
곡선 $y=(x+1)(x-1)(x-3)$과 x축으로 둘러싸인 도형의 넓이는?

① 6   ② 7   ③ 8

④ 9   ⑤ 10

03
곡선 $y=x^2-4x-5$와 x축 및 두 직선 $x=1$, $x=2$로 둘러싸인 도형의 넓이를 S라 할 때, $3S$의 값을 구하시오.

04
곡선 $y=\sqrt{x}$ 와 직선 $y=1$ 및 y축으로 둘러싸인 도형의 넓이는?

① $\frac{1}{5}$ ② $\frac{1}{4}$

③ $\frac{1}{3}$ ④ $\frac{1}{2}$

⑤ 1

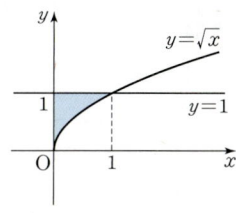

05
곡선 $y=\sqrt{x+4}$ 와 x축 및 y축으로 둘러싸인 도형의 넓이 S가 $S=\frac{q}{p}$일 때, $p+q$의 값을 구하시오.

(단, p와 q는 서로소인 자연수이다.)

06 (중요)
곡선 $y=x^3-x$와 직선 $y=x$로 둘러싸인 도형의 넓이는?

① 2   ② 4   ③ 6

④ 8   ⑤ 10

07
곡선 $y=x^3+2x^2-x-2$와 직선 $y=3x+6$으로 둘러싸인 도형의 넓이를 S라 할 때, $3S$의 값을 구하시오.

08 (중요)
두 곡선 $y=x^2-2x$, $y=x^3-2x^2$으로 둘러싸인 도형의 넓이를 S라 할 때, $S=\frac{q}{p}$이다. $p+q$의 값을 구하시오.

(단, p와 q는 서로소인 자연수이다.)

09

그림과 같이 두 곡선 $y=f(x)$, $y=g(x)$로 둘러싸인 세 도형 A, B, C의 넓이가 각각 9, 7, 4일 때, 정적분

$\int_{-6}^{9}\{f(x)-g(x)\}dx$의 값을 구하시오.

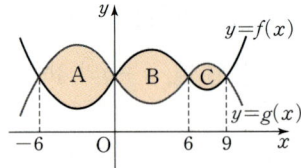

10

두 곡선 $y=x^2-2ax$, $y=-2x^2+ax$로 둘러싸인 도형의 넓이가 32일 때, 양수 a의 값을 구하시오.

11

곡선 $y=x^2+1$과 이 곡선 위의 점 $(1, 2)$에서의 접선 및 y축으로 둘러싸인 도형의 넓이를 S라 할 때, $12S$의 값을 구하시오.

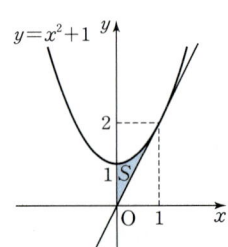

12

곡선 $y=x-x^2$과 직선 $y=mx$로 둘러싸인 도형의 넓이 A와 곡선 $y=x-x^2$과 두 직선 $x=1$, $y=mx$로 둘러싸인 도형의 넓이 B가 서로 같을 때, $12m$의 값을 구하시오. (단, $0<m<1$이다.)

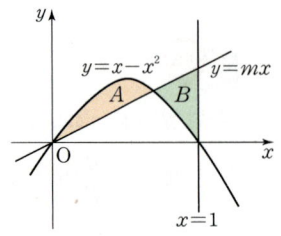

13 중요

지면으로부터 20 m의 높이에서 49 m/s의 속도로 지면과 수직이 되도록 위로 쏘아 올린 공의 t초 후의 속도 $v(t)$가 $v(t)=49-9.8t$(m/s)일 때, 공을 던진 후 10초가 지났을 때까지 공이 움직인 거리는 a m이다. 상수 a의 값을 구하시오.

14

원점을 출발하여 수직선 위를 움직이는 점 P의 시각 t에서의 속도 $v(t)$가 $v(t)=t^2-5t+4$일 때, 점 P가 처음 원점을 출발하던 방향과 반대 방향으로 이동한 거리는? (단, $0\leq t\leq 10$)

① $\dfrac{1}{2}$　　　② $\dfrac{3}{2}$　　　③ $\dfrac{5}{2}$

④ $\dfrac{7}{2}$　　　⑤ $\dfrac{9}{2}$

15

원점을 출발하여 수직선 위를 움직이는 점 P가 시각 $t=0$에서 $t=5$까지 움직일 때, 점 P의 시각 t에서의 속도 $v(t)$가 $v(t)=3t^2-12t$이다. 점 P가 원점에서 가장 멀리 떨어져 있을 때까지 점 P가 움직인 거리는?

① 32　　　② 33　　　③ 34
④ 35　　　⑤ 36

16

원점을 출발하여 수직선 위를 움직이는 점 P의 t초 후의 속도 $v(t)$를 나타내는 그래프가 그림과 같다. 점 P가 원점을 출발한 후 4초 동안 움직인 거리를 구하시오.

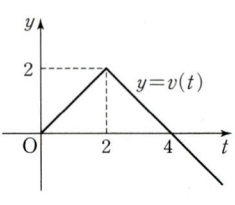

Memo

Memo

Memo

이투스북

PROJECT
531

수학을 쉽게

수학Ⅱ E

정답과 풀이

수학 Ⅱ

정답과 풀이

Ⅰ 함수의 극한과 연속

01 | 함수의 극한

본문 08~10쪽

교과서 핵심 개념별 대표 유형 익히기

 개념 ①
- **01** ④
- **02** ④
- **01-1** ⑤
- **02-1** ②

개념 ②
- **1** (1) 9 (2) −3 (3) 6 (4) −4
- **03** (1) 7 (2) 15 (3) 2 (4) −5
- **03-1** (1) 7 (2) 6 (3) $\frac{2}{3}$ (4) 0
- **04** 10
- **04-1** 6

개념 ③
- **05** (1) 3 (2) 4 (3) 2 (4) 1
- **05-1** (1) $\frac{3}{4}$ (2) −2 (3) −$\frac{1}{2}$ (4) −1
- **06** (1) 1 (2) $\frac{1}{4}$ (3) −$\frac{1}{2}$ (4) −$\frac{1}{2}$
- **06-1** (1) $\sqrt{2}$ (2) −$\frac{1}{2}$ (3) 1 (4) 3

대표 유형 다지기

본문 11~12쪽

01 ④	**02** ③	**03** ⑤	**04** ③	**05** 3	**06** 4	**07** ④	**08** 1	**09** ①
10 ②	**11** 3	**12** 2	**13** 4	**14** ⑤	**15** ②			

02 | 함수의 연속

교과서 핵심 개념별 대표 유형 익히기

본문 13~15쪽

 개념 ①
- **1** (1) 연속 (2) 불연속 (3) 불연속
- **01** ③
- **02** ③
- **01-1** ⑤
- **02-1** 8

개념 ②
- **03** ㄷ
- **04** ㄱ, ㄴ
- **03-1** ㄱ, ㄴ, ㄷ
- **04-1** ㄱ, ㄷ

개념 ③
- **1** (1) 최댓값 : 5, 최솟값 : −3 (2) 최댓값 : 5, 최솟값 : 1 (3) 최댓값 : 1, 최솟값 : $\frac{1}{4}$ (4) 최댓값 : 3, 최솟값 : $\sqrt{2}$
- **05** −4
- **06** ②
- **05-1** 3
- **06-1** ②

대표 유형 다지기

본문 16쪽

01 21	**02** ⑤	**03** 3	**04** ⑤	**05** ⑤	**06** ④	**07** ③	**08** ③

미분

01 | 미분계수와 도함수

개념 ①

1 (1) 4 (2) $\dfrac{1}{5}$ **2** (1) 3 (2) 1

01 ③   **01-1** ②

02 ②   **02-1** ①

개념 ②

1 (1) $2f'(a)$ (2) $5f'(a)$

03 ④   **03-1** ④

04 ②   **04-1** ③

개념 ③

1 (1) $f'(x)=2x+1$ (2) $f'(x)=10x-2$ **2** (1) $f'(x)=4x$ (2) $f'(x)=2x^3+x^2-2$

05 ③   **05-1** 2

06 ⑤   **06-1** 2

개념 ④

1 (1) $f'(x)=-12x^3+4x$ (2) $f'(x)=6x^2-6x+5$ (3) $f'(x)=3x^2+12x+11$ (4) $f'(x)=12(4x+1)^2$

07 ③   **07-1** ②

08 ④   **08-1** ③

01 ③   **02** 1   **03** ②   **04** 4   **05** ③   **06** ④   **07** 5   **08** ④   **09** ②

10 ③   **11** 44   **12** 14   **13** ①   **14** ①   **15** ④   **16** ④

02 | 도함수의 활용 (1)

개념 ①

01 ①   **01-1** ②

02 ①   **02-1** ⑤

02-2 ①

개념 ②

1 (1) $y=6x+1$ (2) $y=3x-2$

03 ②   **03-1** ③

03-2 ④   **03-3** ④

개념 ③

1 $y=5x-2$ **2** $y=-2x, y=-11x+18$

04 ②   **04-1** ①

05 ②   **05-1** ④

개념 ④

06 ③   **06-1** ④

07 ⑤   **07-1** ⑤

01 ①   **02** 3   **03** ①   **04** ④   **05** ②   **06** ③   **07** ⑤   **08** ①   **09** ①

10 ②   **11** ③   **12** ④   **13** ②   **14** ⑤   **15** ①   **16** 2

03 | 도함수의 활용 (2)

개념 ①

1 (1) 감소 (2) 감소 (3) 증가	**2** 풀이 참조
01 ②	**01-1** ③
02 ③	**02-1** ②

개념 ②

1 (1) 극댓값 4, 극솟값 0 (2) 극댓값 2, 극솟값 -2 (3) 극댓값 2, 극솟값 1 (4) 극솟값 -12

03 ③	**03-1** ②
03-2 ②	**03-3** 4

개념 ③

04 ②	**04-1** ⑤
04-2 ③	

개념 ④

1 (1) 최댓값 16, 최솟값 -16 (2) 최댓값 0, 최솟값 -20 (3) 최댓값 5, 최솟값 -27 (4) 최댓값 12, 최솟값 -4

05 ④	**05-1** ②
06 ①	**06-1** ③

대표 유형 다지기

01 ④	**02** ③	**03** ③	**04** ①	**05** ②	**06** 9	**07** ④	**08** ④	**09** 2
10 3	**11** ③	**12** 1	**13** ①	**14** ⑤	**15** ②	**16** ③		

04 | 도함수의 활용 (3)

개념 ①

01 (1) 3 (2) 1 (3) 2 (4) 2	**01-1** (1) 3 (2) 1 (3) 4 (4) 2
02 ③	**02-1** ①

개념 ②

03 ①	**03-1** ⑤
04 ③	**04-1** ④

개념 ③

05 ④	**05-1** ①
06 4	**06-1** 8

대표 유형 다지기

01 ②	**02** 4	**03** ③	**04** 2	**05** ④	**06** ②	**07** ①	**08** ⑤	**09** ④
10 ①	**11** ②	**12** ⑤	**13** 83	**14** ④	**15** 15			

Ⅲ 적분

01 | 부정적분

개념 ①

1 (1) $f(x)=6x^2+2x+3$ (2) $f(x)=-x^3-x$	**2** (1) x^2+2x+C (단, C는 적분상수) (2) $2x^3-x+1$
01 ④	**01-1** 9
02 3	**02-1** ①

개념 2

1 (1) $3x+C$ (2) x^4+C (3) $-\dfrac{1}{9}x^3+C$ (4) $\dfrac{1}{10}x^5+C$ (단, C는 적분상수)

2 (1) x^2+3x+C (2) x^4-2x^3-3x+C (3) $\dfrac{2}{3}x^3+\dfrac{1}{2}x^2+C$ (4) $\dfrac{1}{4}x^4-\dfrac{1}{3}x^3-\dfrac{1}{2}x^2+x+C$ (단, C는 적분상수)

03　9　　　　　　　　　　　　　　03-1　①

03-2　①　　　　　　　　　　　　03-3　24

대표 유형 다지기　　　　　　　　　　　　　　　　　　　　　　　本문 44쪽

01 2　　02 ⑤　　03 4　　04 ②　　05 5　　06 127　　07 ②　　08 ②

02 | 정적분

교과서 핵심 개념별 대표 유형 익히기　　　　　　　　　　　　　　本문 45~47쪽

개념 1

1 (1) 7 (2) 0 (3) 80 (4) 6 (5) -27

01　18　　　　　　　　　　　　　01-1　10

01-2　25　　　　　　　　　　　　01-3　54

개념 2

02　48　　　　　　　　　　　　　02-1　24

02-2　2　　　　　　　　　　　　　02-3　6

개념 3

1 (1) $f(x)=3x-1$ (2) $f(x)=2x+2$　　2 (1) 4 (2) 26

03　3　　　　　　　　　　　　　　03-1　4

03-2　19　　　　　　　　　　　　03-3　35

대표 유형 다지기　　　　　　　　　　　　　　　　　　　　　　　本문 48~49쪽

01 ④　　02 3　　03 ②　　04 50　　05 9　　06 ④　　07 ③　　08 ③　　09 2

10 ⑤　　11 ④　　12 ⑤　　13 ②　　14 24　　15 ④　　16 ④

03 | 정적분의 활용

교과서 핵심 개념별 대표 유형 익히기　　　　　　　　　　　　　　本문 50~52쪽

개념 1

1 (1) $\dfrac{32}{3}$ (2) $\dfrac{125}{6}$ (3) $\dfrac{27}{4}$ (4) 8

01　$\dfrac{22}{3}$　　　　　　　　　　　　01-1　1

01-2　37　　　　　　　　　　　　01-3　3

개념 2

02　27　　　　　　　　　　　　　02-1　7

03　4　　　　　　　　　　　　　　03-1　31

03-2　3

개념 3

1 (1) $\dfrac{11}{6}$ (2) $\dfrac{2}{3}$ (3) 1

04　192　　　　　　　　　　　　　04-1　③

04-2　④

대표 유형 다지기　　　　　　　　　　　　　　　　　　　　　　　本문 53~54쪽

01 ④　　02 ③　　03 26　　04 ③　　05 19　　06 ①　　07 64　　08 3　　09 -6

10 4　　11 4　　12 4　　13 245　　14 ⑤　　15 ①　　16 4

01 | 함수의 극한

교과서 핵심 개념별 **대표 유형 익히기**　　　본문 08~10쪽

개념 ❶ 함수의 극한

유형 ①

함수 $y=f(x)$의 그래프는 그림과 같다.

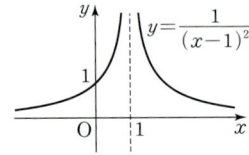

ㄱ. (참) x의 값이 $\frac{1}{2}$에 한없이 가까워지면 $f(x)$의 값은 4에 한없이 가까워지므로 $\lim\limits_{x \to \frac{1}{2}} f(x)=4$이다.

ㄴ. (거짓) x의 값이 1에 한없이 가까워지면 $f(x)$의 값은 한없이 커지므로 $\lim\limits_{x \to 1} f(x)=\infty$이다.

ㄷ. (참) x의 값이 한없이 커지면 $f(x)$의 값은 0에 한없이 가까워지므로 $\lim\limits_{x \to \infty} f(x)=0$이다.

따라서 옳은 것은 ㄱ, ㄷ이다.　　　🔲 ④

01-1

ㄱ. x의 값이 0에 한없이 가까워지면 $1+\frac{1}{|x|}$의 값은 한없이 커지므로 $\lim\limits_{x \to 0}\left(1+\frac{1}{|x|}\right)=\infty$이다.

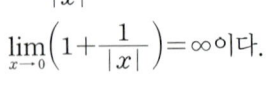

ㄴ. x의 값이 -1에 한없이 가까워지면 $\sqrt{-3x-2}$의 값은 1에 한없이 가까워지므로 $\lim\limits_{x \to -1}\sqrt{-3x-2}=1$이다.

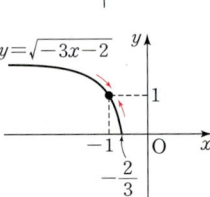

ㄷ. 상수함수는 모든 x의 값에 대하여 수렴하므로 $\lim\limits_{x \to 2}2=2$이다.

따라서 극한값이 존재하는 것은 ㄴ, ㄷ이다.　　🔲 ⑤

유형 ②

주어진 그래프에서 $\lim\limits_{x \to -1+}f(x)=1$, $\lim\limits_{x \to 0-}f(x)=0$이므로

$\lim\limits_{x \to -1+}f(x)+\lim\limits_{x \to 0-}f(x)=1+0=1$　　🔲 ④

02-1

주어진 그래프에서

$f(-1)=-1$, $\lim\limits_{x \to 0+}f(x)=1$, $\lim\limits_{x \to 1-}f(x)=-1$이므로

$f(-1)+\lim\limits_{x \to 0+}f(x)+\lim\limits_{x \to 1-}f(x)$

$=-1+1+(-1)=-1$　　🔲 ②

개념 ❷ 함수의 극한에 대한 성질

개념 Check

1 (1) $\lim\limits_{x \to 2}3f(x)=3\lim\limits_{x \to 2}f(x)=3 \times 3=9$

(2) $\lim\limits_{x \to 2}\{f(x)-3g(x)\}=\lim\limits_{x \to 2}f(x)-3\lim\limits_{x \to 2}g(x)$

$=3-3 \times 2=-3$

(3) $\lim\limits_{x \to 2}f(x)g(x)=\lim\limits_{x \to 2}f(x)\lim\limits_{x \to 2}g(x)$

$=3 \times 2=6$

(4) $\lim\limits_{x \to 2}\dfrac{-2g(x)}{f(x)-g(x)}=\dfrac{-2\lim\limits_{x \to 2}g(x)}{\lim\limits_{x \to 2}f(x)-\lim\limits_{x \to 2}g(x)}$

$=\dfrac{-2 \times 2}{3-2}=-4$

🔲 (1) 9 (2) -3 (3) 6 (4) -4

유형 ③

(1) $\lim\limits_{x \to 3}(x^2-2x+4)=\lim\limits_{x \to 3}x^2+\lim\limits_{x \to 3}(-2x)+\lim\limits_{x \to 3}4$

$=\lim\limits_{x \to 3}x^2-2\lim\limits_{x \to 3}x+\lim\limits_{x \to 3}4$

$=3^2-2 \times 3+4=7$

(2) $\lim\limits_{x \to 2}3(x^2+1)=3\lim\limits_{x \to 2}(x^2+1)$

$=3 \times (2^2+1)=15$

(3) $\lim\limits_{x \to -1}(x-1)(2x+1)$

$=\lim\limits_{x \to -1}(x-1)\lim\limits_{x \to -1}(2x+1)$

$=(-1-1) \times \{2 \times (-1)+1\}=2$

(4) $\lim\limits_{x \to -2}\dfrac{2x-1}{x+3}=\dfrac{\lim\limits_{x \to -2}(2x-1)}{\lim\limits_{x \to -2}(x+3)}$

$=\dfrac{2 \times (-2)-1}{-2+3}=-5$

🔲 (1) 7 (2) 15 (3) 2 (4) -5

03-1

(1) $\lim\limits_{x \to -2}(-x^2-3x+5)=\lim\limits_{x \to -2}(-x^2)+\lim\limits_{x \to -2}(-3x)+\lim\limits_{x \to -2}5$

$=-\lim\limits_{x \to -2}x^2-3\lim\limits_{x \to -2}x+\lim\limits_{x \to -2}5$

$=-(-2)^2-3 \times (-2)+5$

$=-4+6+5=7$

(2) $\lim\limits_{x \to 3}(x-1)(x^2-6)=\lim\limits_{x \to 3}(x-1)\lim\limits_{x \to 3}(x^2-6)$

$=(3-1) \times (3^2-6)=6$

(3) $\lim\limits_{x \to 1}\dfrac{(x+1)(2x-1)}{x+2}=\dfrac{\lim\limits_{x \to 1}(x+1)\lim\limits_{x \to 1}(2x-1)}{\lim\limits_{x \to 1}(x+2)}$

$=\dfrac{2 \times 1}{1+2}=\dfrac{2}{3}$

(4) $\lim\limits_{x \to \infty}\left(\dfrac{2}{x-1}+\dfrac{4}{x}\right)=\lim\limits_{x \to \infty}\dfrac{2}{x-1}+\lim\limits_{x \to \infty}\dfrac{4}{x}$

$=0+0=0$

🔲 (1) 7 (2) 6 (3) $\dfrac{2}{3}$ (4) 0

유형 04

$2f(x)-g(x)=h(x)$로 놓으면 $\lim\limits_{x\to2}h(x)=6$

이때, $g(x)=2f(x)-h(x)$이므로

$\lim\limits_{x\to2}\{f(x)+3g(x)\}$

$=\lim\limits_{x\to2}[f(x)+3\{2f(x)-h(x)\}]$

$=\lim\limits_{x\to2}\{7f(x)-3h(x)\}$

$=7\lim\limits_{x\to2}f(x)-3\lim\limits_{x\to2}h(x)$

$=7\times4-3\times6=10$

다른 풀이

$\lim\limits_{x\to2}\{f(x)+3g(x)\}$

$=\lim\limits_{x\to2}[7f(x)-3\{2f(x)-g(x)\}]$

$=7\lim\limits_{x\to2}f(x)-3\lim\limits_{x\to2}\{2f(x)-g(x)\}$

$=7\times4-3\times6=10$　　　　　답 10

04-1

$3f(x)+g(x)=h(x)$로 놓으면 $\lim\limits_{x\to1}h(x)=4$

이때, $g(x)=h(x)-3f(x)$이므로

$\lim\limits_{x\to1}\{f(x)-2g(x)\}$

$=\lim\limits_{x\to1}[f(x)-2\{h(x)-3f(x)\}]$

$=\lim\limits_{x\to1}\{7f(x)-2h(x)\}$

$=7\lim\limits_{x\to1}f(x)-2\lim\limits_{x\to1}h(x)$

$=7\times2-2\times4=6$

다른 풀이

$\lim\limits_{x\to1}\{f(x)-2g(x)\}$

$=\lim\limits_{x\to1}[7f(x)-2\{3f(x)+g(x)\}]$

$=7\lim\limits_{x\to1}f(x)-2\lim\limits_{x\to1}\{3f(x)+g(x)\}$

$=7\times2-2\times4=6$　　　　　답 6

개념 3 극한값의 계산

유형 05

(1) $\lim\limits_{x\to2}\dfrac{x^3-3x^2+4}{(x-2)^2}=\lim\limits_{x\to2}\dfrac{(x+1)(x-2)^2}{(x-2)^2}$

$\qquad\qquad\qquad=\lim\limits_{x\to2}(x+1)=3$

(2) $\lim\limits_{x\to3}\dfrac{x-3}{\sqrt{x+1}-2}=\lim\limits_{x\to3}\dfrac{(x-3)(\sqrt{x+1}+2)}{(\sqrt{x+1}-2)(\sqrt{x+1}+2)}$

$\qquad\qquad\qquad=\lim\limits_{x\to3}\dfrac{(x-3)(\sqrt{x+1}+2)}{(x+1)-4}$

$\qquad\qquad\qquad=\lim\limits_{x\to3}\dfrac{(x-3)(\sqrt{x+1}+2)}{x-3}$

$\qquad\qquad\qquad=\lim\limits_{x\to3}(\sqrt{x+1}+2)$

$\qquad\qquad\qquad=\sqrt{3+1}+2=4$

(3) $\lim\limits_{x\to\infty}\dfrac{12x^3+x-4}{(3x^2-2)(2x-1)}=\lim\limits_{x\to\infty}\dfrac{12x^3+x-4}{6x^3-3x^2-4x+2}$

$\qquad\qquad\qquad\qquad=\lim\limits_{x\to\infty}\dfrac{12+\dfrac{1}{x^2}-\dfrac{4}{x^3}}{6-\dfrac{3}{x}-\dfrac{4}{x^2}+\dfrac{2}{x^3}}$

$\qquad\qquad\qquad\qquad=\dfrac{12+0-0}{6-0-0+0}=2$

(4) $\lim\limits_{x\to\infty}\dfrac{\sqrt{4x^2-2x+1}}{2x-1}=\lim\limits_{x\to\infty}\dfrac{\sqrt{4-\dfrac{2}{x}+\dfrac{1}{x^2}}}{2-\dfrac{1}{x}}$

$\qquad\qquad\qquad\qquad=\dfrac{\sqrt{4-0+0}}{2-0}=1$

답 (1) 3　(2) 4　(3) 2　(4) 1

05-1

(1) $\lim\limits_{x\to-1}\dfrac{x^3+1}{x^3-x^2-x+1}=\lim\limits_{x\to-1}\dfrac{(x+1)(x^2-x+1)}{(x+1)(x-1)^2}$

$\qquad\qquad\qquad\qquad=\lim\limits_{x\to-1}\dfrac{x^2-x+1}{(x-1)^2}=\dfrac{3}{4}$

(2) $\lim\limits_{x\to2}\dfrac{x^2-5x+6}{\sqrt{3x-2}-\sqrt{x+2}}$

$=\lim\limits_{x\to2}\dfrac{(x-2)(x-3)(\sqrt{3x-2}+\sqrt{x+2})}{(\sqrt{3x-2}-\sqrt{x+2})(\sqrt{3x-2}+\sqrt{x+2})}$

$=\lim\limits_{x\to2}\dfrac{(x-2)(x-3)(\sqrt{3x-2}+\sqrt{x+2})}{(3x-2)-(x+2)}$

$=\lim\limits_{x\to2}\dfrac{(x-2)(x-3)(\sqrt{3x-2}+\sqrt{x+2})}{2(x-2)}$

$=\lim\limits_{x\to2}\dfrac{(x-3)(\sqrt{3x-2}+\sqrt{x+2})}{2}$

$=\dfrac{(2-3)(\sqrt{3\times2-2}+\sqrt{2+2})}{2}=-2$

(3) $-x=t$로 놓으면 $x\longrightarrow-\infty$일 때 $t\longrightarrow\infty$이므로

$\lim\limits_{x\to-\infty}\dfrac{2+x^2-x^3}{2x^3+x-1}=\lim\limits_{t\to\infty}\dfrac{2+(-t)^2-(-t)^3}{2(-t)^3+(-t)-1}$

$\qquad\qquad\qquad=\lim\limits_{t\to\infty}\dfrac{2+t^2+t^3}{-2t^3-t-1}$

$\qquad\qquad\qquad=\lim\limits_{t\to\infty}\dfrac{\dfrac{2}{t^3}+\dfrac{1}{t}+1}{-2-\dfrac{1}{t^2}-\dfrac{1}{t^3}}=-\dfrac{1}{2}$

(4) $-x=t$로 놓으면 $x\longrightarrow-\infty$일 때 $t\longrightarrow\infty$이므로

$\lim\limits_{x\to-\infty}\dfrac{\sqrt{x^2+x+1}}{x-1}=\lim\limits_{t\to\infty}\dfrac{\sqrt{t^2-t+1}}{-t-1}$

$\qquad\qquad\qquad=\lim\limits_{t\to\infty}\dfrac{\sqrt{1-\dfrac{1}{t}+\dfrac{1}{t^2}}}{-1-\dfrac{1}{t}}$

$\qquad\qquad\qquad=\dfrac{\sqrt{1-0+0}}{-1-0}=-1$

답 (1) $\dfrac{3}{4}$　(2) -2　(3) $-\dfrac{1}{2}$　(4) -1

유형 06

(1) $\lim\limits_{x\to\infty}(\sqrt{x^2+2x}-\sqrt{x^2-1}\,)$

$=\lim\limits_{x\to\infty}\dfrac{(\sqrt{x^2+2x}-\sqrt{x^2-1}\,)(\sqrt{x^2+2x}+\sqrt{x^2-1}\,)}{\sqrt{x^2+2x}+\sqrt{x^2-1}}$

$=\lim\limits_{x\to\infty}\dfrac{(x^2+2x)-(x^2-1)}{\sqrt{x^2+2x}+\sqrt{x^2-1}}$

$=\lim\limits_{x\to\infty}\dfrac{2x+1}{\sqrt{x^2+2x}+\sqrt{x^2-1}}$

$=\lim\limits_{x\to\infty}\dfrac{2+\dfrac{1}{x}}{\sqrt{1+\dfrac{2}{x}}+\sqrt{1-\dfrac{1}{x^2}}}$

$=\dfrac{2+0}{\sqrt{1+0}+\sqrt{1-0}}=1$

(2) $\lim\limits_{x\to0}\dfrac{1}{x}\Big(\dfrac{1}{2}-\dfrac{1}{x+2}\Big)=\lim\limits_{x\to0}\Big\{\dfrac{1}{x}\times\dfrac{x}{2(x+2)}\Big\}$

$=\lim\limits_{x\to0}\dfrac{1}{2(x+2)}=\dfrac{1}{4}$

(3) $\lim\limits_{x\to\infty}(\sqrt{x^2-x+1}-x)$

$=\lim\limits_{x\to\infty}\dfrac{(\sqrt{x^2-x+1}-x)(\sqrt{x^2-x+1}+x)}{\sqrt{x^2-x+1}+x}$

$=\lim\limits_{x\to\infty}\dfrac{(x^2-x+1)-x^2}{\sqrt{x^2-x+1}+x}=\lim\limits_{x\to\infty}\dfrac{-x+1}{\sqrt{x^2-x+1}+x}$

$=\lim\limits_{x\to\infty}\dfrac{-1+\dfrac{1}{x}}{\sqrt{1-\dfrac{1}{x}+\dfrac{1}{x^2}}+1}$

$=\dfrac{-1+0}{\sqrt{1-0+0}+1}=-\dfrac{1}{2}$

(4) $\lim\limits_{x\to\infty}x\Big(\dfrac{\sqrt{x-1}}{\sqrt{x}}-1\Big)$

$=\lim\limits_{x\to\infty}\Big(x\times\dfrac{\sqrt{x-1}-\sqrt{x}}{\sqrt{x}}\Big)=\lim\limits_{x\to\infty}\sqrt{x}(\sqrt{x-1}-\sqrt{x}\,)$

$=\lim\limits_{x\to\infty}\dfrac{\sqrt{x}(\sqrt{x-1}-\sqrt{x}\,)(\sqrt{x-1}+\sqrt{x}\,)}{\sqrt{x-1}+\sqrt{x}}$

$=\lim\limits_{x\to\infty}\dfrac{\sqrt{x}\{(x-1)-x\}}{\sqrt{x-1}+\sqrt{x}}=\lim\limits_{x\to\infty}\dfrac{-\sqrt{x}}{\sqrt{x-1}+\sqrt{x}}$

$=\lim\limits_{x\to\infty}\dfrac{-\sqrt{1}}{\sqrt{1-\dfrac{1}{x}}+\sqrt{1}}=-\dfrac{1}{2}$

답 (1) 1　(2) $\dfrac{1}{4}$　(3) $-\dfrac{1}{2}$　(4) $-\dfrac{1}{2}$

06-1

(1) $\lim\limits_{x\to\infty}(\sqrt{2x^2+x+5}-\sqrt{2x^2-3x+1}\,)$

$=\lim\limits_{x\to\infty}\dfrac{(\sqrt{2x^2+x+5}-\sqrt{2x^2-3x+1}\,)(\sqrt{2x^2+x+5}+\sqrt{2x^2-3x+1}\,)}{\sqrt{2x^2+x+5}+\sqrt{2x^2-3x+1}}$

$=\lim\limits_{x\to\infty}\dfrac{(2x^2+x+5)-(2x^2-3x+1)}{\sqrt{2x^2+x+5}+\sqrt{2x^2-3x+1}}$

$=\lim\limits_{x\to\infty}\dfrac{4x+4}{\sqrt{2x^2+x+5}+\sqrt{2x^2-3x+1}}$

$=\lim\limits_{x\to\infty}\dfrac{4+\dfrac{4}{x}}{\sqrt{2+\dfrac{1}{x}+\dfrac{5}{x^2}}+\sqrt{2-\dfrac{3}{x}+\dfrac{1}{x^2}}}$

$=\dfrac{4+0}{\sqrt{2+0+0}+\sqrt{2-0+0}}=\sqrt{2}$

(2) $\lim\limits_{x\to\infty}x\Big(1-\dfrac{\sqrt{x+1}}{\sqrt{x}}\Big)$

$=\lim\limits_{x\to\infty}\Big(x\times\dfrac{\sqrt{x}-\sqrt{x+1}}{\sqrt{x}}\Big)$

$=\lim\limits_{x\to\infty}\sqrt{x}(\sqrt{x}-\sqrt{x+1}\,)$

$=\lim\limits_{x\to\infty}\dfrac{\sqrt{x}(\sqrt{x}-\sqrt{x+1}\,)(\sqrt{x}+\sqrt{x+1}\,)}{\sqrt{x}+\sqrt{x+1}}$

$=\lim\limits_{x\to\infty}\dfrac{\sqrt{x}\{x-(x+1)\}}{\sqrt{x}+\sqrt{x+1}}=\lim\limits_{x\to\infty}\dfrac{-\sqrt{x}}{\sqrt{x}+\sqrt{x+1}}$

$=\lim\limits_{x\to\infty}\dfrac{-1}{1+\sqrt{1+\dfrac{1}{x}}}$

$=\dfrac{-1}{1+\sqrt{1+0}}=-\dfrac{1}{2}$

(3) $-x=t$로 놓으면 $x\longrightarrow-\infty$일 때 $t\longrightarrow\infty$이므로

$\lim\limits_{x\to-\infty}(\sqrt{x^2-2x}+x)=\lim\limits_{t\to\infty}(\sqrt{t^2+2t}-t)$

$=\lim\limits_{t\to\infty}\dfrac{(\sqrt{t^2+2t}-t)(\sqrt{t^2+2t}+t)}{\sqrt{t^2+2t}+t}$

$=\lim\limits_{t\to\infty}\dfrac{(t^2+2t)-t^2}{\sqrt{t^2+2t}+t}=\lim\limits_{t\to\infty}\dfrac{2t}{\sqrt{t^2+2t}+t}$

$=\lim\limits_{t\to\infty}\dfrac{2}{\sqrt{1+\dfrac{2}{t}}+1}$

$=\dfrac{2}{\sqrt{1+0}+1}=1$

(4) $\lim\limits_{x\to\infty}x^2\Big(1-\dfrac{x}{\sqrt{x^2+6}}\Big)$

$=\lim\limits_{x\to\infty}\Big(x^2\times\dfrac{\sqrt{x^2+6}-x}{\sqrt{x^2+6}}\Big)$

$=\lim\limits_{x\to\infty}\Big\{x^2\times\dfrac{(\sqrt{x^2+6}-x)(\sqrt{x^2+6}+x)}{\sqrt{x^2+6}(\sqrt{x^2+6}+x)}\Big\}$

$=\lim\limits_{x\to\infty}\dfrac{6x^2}{\sqrt{x^2+6}(\sqrt{x^2+6}+x)}$

$=\lim\limits_{x\to\infty}\dfrac{6x^2}{x^2+6+x\sqrt{x^2+6}}$

$=\lim\limits_{x\to\infty}\dfrac{6}{1+\dfrac{6}{x^2}+\sqrt{1+\dfrac{6}{x^2}}}$

$=\dfrac{6}{1+0+\sqrt{1+0}}=3$

답 (1) $\sqrt{2}$　(2) $-\dfrac{1}{2}$　(3) 1　(4) 3

본문 11~12쪽

대표 유형 **다지기**

01 ④	**02** ③	**03** ⑤	**04** ③	**05** 3
06 4	**07** ④	**08** 1	**09** ①	**10** ②
11 3	**12** 2	**13** 4	**14** ⑤	**15** ②

01

ㄱ. (참) x의 값이 -1에 한없이 가까워지면 $f(x)$의 값은 1에 한없이 가까워지므로 $\lim_{x\to-1} f(x)=1$이다.

ㄴ. (거짓) x의 값이 0에 한없이 가까워지면 $f(x)$의 값은 한없이 커지므로 $\lim_{x\to0} f(x)=\infty$이다.

ㄷ. (참) x의 값이 음수이면서 절댓값이 한없이 커지면 $f(x)$의 값은 0에 한없이 가까워지므로 $\lim_{x\to-\infty} f(x)=0$이다.

따라서 옳은 것은 ㄱ, ㄷ이다. **답** ④

02

ㄱ. x의 값이 한없이 커지면 $\dfrac{1}{x}$의 값은 0에 한없이 가까워지므로 $\lim_{x\to\infty}\dfrac{1}{x}=0$이다.

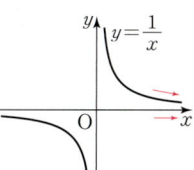

ㄴ. x의 값이 음수이면서 절댓값이 한없이 커지면 $-\sqrt{-x}+2$의 값은 한없이 작아지므로 $\lim_{x\to-\infty}(-\sqrt{-x}+2)=-\infty$이다.

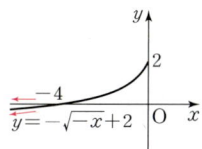

ㄷ. x의 값이 한없이 커지면 $1-\dfrac{1}{x^2}$의 값은 1에 한없이 가까워지므로 $\lim_{x\to\infty}\left(1-\dfrac{1}{x^2}\right)=1$이다.

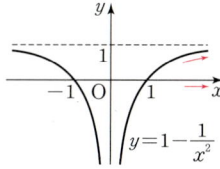

따라서 극한값이 존재하는 것은 ㄱ, ㄷ이다. **답** ③

03

주어진 그래프에서

ㄱ. (참) $\lim_{x\to0+} f(x)=2$

ㄴ. (참) $\lim_{x\to-1-} f(x)=-1$

ㄷ. (참) $\lim_{x\to2+} f(x)=0$, $\lim_{x\to2-} f(x)=0$이므로
$\lim_{x\to2+} f(x)=\lim_{x\to2-} f(x)=0$

따라서 옳은 것은 ㄱ, ㄴ, ㄷ이다. **답** ⑤

04

주어진 그래프에서
$\lim_{x\to1-} f(x)=-2$, $\lim_{x\to2+} f(x)=2$이므로
$\lim_{x\to1-} f(x)+\lim_{x\to2+} f(x)=-2+2=0$ **답** ③

05

$\lim_{x\to2} f(x)$의 값이 존재하려면 $\lim_{x\to2-} f(x)=\lim_{x\to2+} f(x)$이어야 하므로

$\lim_{x\to2-} f(x)=\lim_{x\to2-}(2x+1)=2\times2+1=5$

$\lim_{x\to2+} f(x)=\lim_{x\to2+}(x^2-x+k)=2^2-2+k=2+k$

$5=2+k$ $\therefore k=3$ **답** 3

06

$\lim_{x\to1} f(x)$의 값이 존재하므로 $\lim_{x\to1-} f(x)=\lim_{x\to1+} f(x)$이다.

$\lim_{x\to1-} f(x)=\lim_{x\to1-}(ax+b)=a+b$

$\lim_{x\to1+} f(x)=\lim_{x\to1+}(x^2+3x+a)=1^2+3+a=4+a$

$a+b=4+a$ $\therefore b=4$ **답** 4

07

주어진 그래프에서

ㄱ. (참) $\lim_{x\to-2-} f(x)=0$, $\lim_{x\to-2+} f(x)=0$이므로 $\lim_{x\to-2} f(x)=0$, 즉 $\lim_{x\to-2} f(x)$의 값이 존재한다.

ㄴ. (거짓) $\lim_{x\to-1-} f(x)=1$, $f(-1)=0$이므로 $\lim_{x\to-1-} f(x)\neq f(-1)$

ㄷ. (참) $a=2$일 때, $\lim_{x\to2-} f(x)=0$, $\lim_{x\to2+} f(x)=0$이므로 $\lim_{x\to2} f(x)=0$이다. 즉, $a=2$인 경우에도 극한값이 존재하므로 $-1<a<3$인 모든 실수 a에 대하여 $\lim_{x\to a} f(x)$의 값이 존재한다.

따라서 옳은 것은 ㄱ, ㄷ이다. **답** ④

08

$$\lim_{x\to3}\frac{f(x)+x}{2f(x)-3}=\lim_{x\to3}\frac{\dfrac{f(x)}{x}+1}{2\times\dfrac{f(x)}{x}-\dfrac{3}{x}}$$

$$=\frac{2+1}{2\times2-\dfrac{3}{3}}=1$$ **답** 1

09

$x-1=t$로 놓으면 $x\longrightarrow1$일 때 $t\longrightarrow0$이므로

$\lim_{x\to1}\dfrac{f(x-1)}{x-1}=3$에서 $\lim_{t\to0}\dfrac{f(t)}{t}=3$

$\therefore \lim_{x\to0}\dfrac{3x+f(x)}{x^2-2f(x)}=\lim_{x\to0}\dfrac{3+\dfrac{f(x)}{x}}{x-2\times\dfrac{f(x)}{x}}$

$=\dfrac{3+3}{0-2\times3}=-1$ **답** ①

10

ㄱ, ㄴ. (참) $\lim_{x\to a}\{f(x)+g(x)\}=\alpha$, $\lim_{x\to a}\{f(x)-g(x)\}=\beta$

(α, β는 실수)라 하면

$$\lim_{x \to a} f(x) = \lim_{x \to a} \frac{\{f(x)+g(x)\} + \{f(x)-g(x)\}}{2}$$
$$= \frac{\alpha+\beta}{2}$$

$$\lim_{x \to a} g(x) = \lim_{x \to a} \frac{\{f(x)+g(x)\} - \{f(x)-g(x)\}}{2}$$
$$= \frac{\alpha-\beta}{2}$$

ㄷ. (거짓) [반례] $f(x)=x$, $g(x)=\dfrac{1}{x}$일 때,

$\lim_{x \to 0} f(x)=0$, $\lim_{x \to 0} f(x)g(x)=1$이지만

$\lim_{x \to 0} g(x)$의 값은 존재하지 않는다.

따라서 옳은 것은 ㄱ, ㄴ이다. 　　답 ②

11

$$\lim_{x \to 1} \frac{x^2+x-2}{x-1} = \lim_{x \to 1} \frac{(x-1)(x+2)}{x-1}$$
$$= \lim_{x \to 1} (x+2) = 1+2 = 3$$

$$\lim_{x \to 1} \frac{x-1}{\sqrt{x}-1} = \lim_{x \to 1} \frac{(x-1)(\sqrt{x}+1)}{(\sqrt{x}-1)(\sqrt{x}+1)}$$
$$= \lim_{x \to 1} \frac{(x-1)(\sqrt{x}+1)}{x-1}$$
$$= \lim_{x \to 1} (\sqrt{x}+1) = \sqrt{1}+1 = 2$$

$$\lim_{x \to \infty} \frac{\sqrt{2x^2-1}}{-x+1} = \lim_{x \to \infty} \frac{\sqrt{2-\dfrac{1}{x^2}}}{-1+\dfrac{1}{x}} = \frac{\sqrt{2-0}}{-1+0} = -\sqrt{2}$$

따라서 $a=3$, $b=2$, $c=-\sqrt{2}$이므로

$a+b-c^2 = 3+2-(-\sqrt{2})^2 = 3$ 　　답 3

12

$$\lim_{x \to \infty} (\sqrt{x^2+x}-x)$$
$$= \lim_{x \to \infty} \frac{(\sqrt{x^2+x}-x)(\sqrt{x^2+x}+x)}{\sqrt{x^2+x}+x}$$
$$= \lim_{x \to \infty} \frac{(x^2+x)-x^2}{\sqrt{x^2+x}+x}$$
$$= \lim_{x \to \infty} \frac{x}{\sqrt{x^2+x}+x}$$
$$= \lim_{x \to \infty} \frac{1}{\sqrt{1+\dfrac{1}{x}}+1}$$
$$= \frac{1}{\sqrt{1+0}+1} = \frac{1}{2}$$

$$\lim_{x \to 3} \frac{1}{x-3}\left(\frac{1}{x-2}-1\right)$$
$$= \lim_{x \to 3} \frac{1}{x-3}\left(\frac{1}{x-2}-\frac{x-2}{x-2}\right)$$
$$= \lim_{x \to 3} \left(\frac{1}{x-3} \times \frac{-x+3}{x-2}\right)$$

$$= \lim_{x \to 3} \frac{-1}{x-2}$$
$$= \frac{-1}{3-2} = -1$$

따라서 $a=\dfrac{1}{2}$, $b=-1$이므로

$2a-b=2$ 　　답 2

13

$\lim_{x \to 2} \dfrac{x^2+ax+b}{x-2} = 5$에서 $x \longrightarrow 2$일 때 (분모) $\longrightarrow 0$이고 극한값이

존재하므로 (분자) $\longrightarrow 0$이어야 한다.

즉, $\lim_{x \to 2}(x^2+ax+b) = 4+2a+b = 0$

$\therefore b = -2a-4$ 　　　　……㉠

㉠을 주어진 식에 대입하면

$$\lim_{x \to 2} \frac{x^2+ax-2a-4}{x-2} = \lim_{x \to 2} \frac{(x-2)(x+2+a)}{x-2}$$
$$= \lim_{x \to 2}(x+2+a)$$
$$= 4+a = 5$$

따라서 $a=1$, $b=-6$이므로

$10a+b = 4$ 　　답 4

14

$\lim_{x \to -1} \dfrac{x^2-1}{x^2+ax+b} = -\dfrac{2}{3}$에서 $x \longrightarrow -1$일 때 (분자) $\longrightarrow 0$이고

0이 아닌 극한값이 존재하므로 (분모) $\longrightarrow 0$이어야 한다.

즉, $\lim_{x \to -1}(x^2+ax+b) = 1-a+b = 0$

$\therefore b = a-1$ 　　　　……㉠

㉠을 주어진 식에 대입하면

$$\lim_{x \to -1} \frac{x^2-1}{x^2+ax+a-1} = \lim_{x \to -1} \frac{(x+1)(x-1)}{(x+1)(x-1+a)}$$
$$= \lim_{x \to -1} \frac{x-1}{x-1+a}$$
$$= \frac{-2}{a-2} = -\frac{2}{3}$$

따라서 $a=5$, $b=4$이므로

$a+b=9$ 　　답 ⑤

15

함수 $f(x)$가 $x>0$인 모든 실수 x에 대하여

$2x^3-x^2+x-3 < f(x) < 2x^3+x^2-x+3$이고 $x^3+4>0$이므로

$$\frac{(2x^3-x^2+x-3)+2x+1}{x^3+4} < \frac{f(x)+2x+1}{x^3+4}$$
$$< \frac{(2x^3+x^2-x+3)+2x+1}{x^3+4}$$

이때, $\lim_{x \to \infty} \dfrac{2x^3-x^2+3x-2}{x^3+4} = 2$, $\lim_{x \to \infty} \dfrac{2x^3+x^2+x+4}{x^3+4} = 2$

따라서 함수의 극한의 대소 관계에 의하여

$$\lim_{x \to \infty} \frac{f(x)+2x+1}{x^3+4} = 2$$ 　　답 ②

02 | 함수의 연속

I 함수의 극한과 연속

교과서 핵심 개념별 대표 유형 익히기   본문 13∼15쪽

개념 ❶ 함수의 연속

개념 Check

1 (1) 함수 $f(x)=x^2-x$에 대하여 $x=0$에서의 함숫값과 극한값을 조사하면

$f(0)=0$, $\lim\limits_{x\to 0}f(x)=0$에서 $f(0)=\lim\limits_{x\to 0}f(x)=0$

따라서 $f(x)$는 $x=0$에서 연속이다.

(2) 함수 $f(x)=\dfrac{x^2}{x}$은 $x=0$에서 함숫값이 존재하지 않으므로 $x=0$에서 불연속이다.

(3) $f(x)=\begin{cases}-x^2+1 & (x\neq 0)\\ 0 & (x=0)\end{cases}$일 때,

$f(0)=0$이고 $\lim\limits_{x\to 0}(-x^2+1)=1$에서

$\lim\limits_{x\to 0}f(x)\neq f(0)$

따라서 $x=0$에서의 극한값과 함숫값이 다르므로 $x=0$에서 불연속이다.

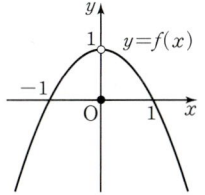

    답 (1) 연속 (2) 불연속 (3) 불연속

유형 ❶

① $f(x)=\begin{cases}x-1 & (x\leq 0)\\ x+1 & (x>0)\end{cases}$일 때,

$\lim\limits_{x\to 0-}f(x)=-1\neq 1=\lim\limits_{x\to 0+}f(x)$이므로 $x=0$에서 불연속이다.

② $f(x)=\begin{cases}\dfrac{|x|}{x} & (x\neq 0)\\ -1 & (x=0)\end{cases}$일 때,

$\lim\limits_{x\to 0-}f(x)=-1\neq 1=\lim\limits_{x\to 0+}f(x)$이므로 $x=0$에서 불연속이다.

③ $f(x)=\begin{cases}\dfrac{x^2-x}{x} & (x\neq 0)\\ 1 & (x=0)\end{cases}$일 때,

$\lim\limits_{x\to 0}\dfrac{x^2-x}{x}=\lim\limits_{x\to 0}\dfrac{x(x-1)}{x}=\lim\limits_{x\to 0}(x-1)=-1$

이고, $f(0)=1$이므로 $\lim\limits_{x\to 0}f(x)\neq f(0)$이다.

즉, 함수 $f(x)$는 $x=0$에서 불연속이다.

④ $f(x)=\begin{cases}x^2 & (x\leq 0)\\ \sqrt{x}+1 & (x>0)\end{cases}$일 때,

$\lim\limits_{x\to 0-}f(x)=0\neq 1=\lim\limits_{x\to 0+}f(x)$이므로 $x=0$에서 불연속이다.

⑤ $f(x)=[x]$일 때,

$\lim\limits_{x\to 0-}f(x)=-1\neq 0=\lim\limits_{x\to 0+}f(x)$이므로 $x=0$에서 불연속이다.

따라서 $x=0$에서 불연속인 이유가 다른 하나는 ③이다.   답 ③

01-1

① $f(x)=\dfrac{1}{x+1}$은 $x=-1$에서 함숫값이 존재하지 않으므로

$x=-1$에서 불연속이다.

② $f(x)=\dfrac{x+3}{x^2-x-2}=\dfrac{x+3}{(x+1)(x-2)}$은 $x=-1$, $x=2$에서 함숫값이 존재하지 않으므로 $x=-1$, $x=2$에서 불연속이다.

③ $f(x)=\dfrac{2x^2+x}{x-1}$는 $x=1$에서 함숫값이 존재하지 않으므로 $x=1$에서 불연속이다.

④ $f(x)=\sqrt{x+1}$은 $x+1<0$일 때, 즉 $x<-1$에서 불연속이다.

⑤ $f(x)$가 모든 실수 x에서 연속이려면 $x=0$에서 연속이어야 한다. 이때, $f(0)=0$이고

$\lim\limits_{x\to 0+}f(x)=\lim\limits_{x\to 0+}\dfrac{x^3}{|x|}=\lim\limits_{x\to 0+}\dfrac{x^3}{x}=\lim\limits_{x\to 0+}x^2=0$,

$\lim\limits_{x\to 0-}f(x)=\lim\limits_{x\to 0-}\dfrac{x^3}{|x|}=\lim\limits_{x\to 0-}\dfrac{x^3}{-x}=\lim\limits_{x\to 0-}(-x^2)=0$

이므로 $\lim\limits_{x\to 0}f(x)=0$

즉, $\lim\limits_{x\to 0}f(x)=f(0)$이므로 함수 $f(x)$는 $x=0$에서 연속이다.

그러므로 함수 $f(x)$는 모든 실수 x에서 연속이다.

따라서 모든 실수 x에서 연속인 함수는 ⑤이다.   답 ⑤

유형 ❷

함수 $f(x)$가 $x=-1$에서 연속이 되려면 $\lim\limits_{x\to -1}f(x)=f(-1)$이어야 한다.

$\lim\limits_{x\to -1}f(x)=\lim\limits_{x\to -1}(x^2+3x+2)=0$이고

$f(-1)=a$이므로 $a=0$ 답 ③

02-1

함수 $f(x)$가 $x=1$에서 연속이 되려면 $\lim\limits_{x\to 1}f(x)=f(1)$이어야 한다.

$\lim\limits_{x\to 1}f(x)=\lim\limits_{x\to 1}\dfrac{2x^2+x+a}{x-1}$에서 $x\longrightarrow 1$일 때 (분모)$\longrightarrow 0$이고 극한값이 존재하므로 (분자)$\longrightarrow 0$이어야 한다.

즉, $\lim\limits_{x\to 1}(2x^2+x+a)=3+a=0$

$\therefore a=-3$ ┄┄┄ ㉠

㉠을 주어진 식에 대입하면

$\lim\limits_{x\to 1}\dfrac{2x^2+x-3}{x-1}=\lim\limits_{x\to 1}\dfrac{(2x+3)(x-1)}{x-1}=\lim\limits_{x\to 1}(2x+3)=5$

따라서 $\lim\limits_{x\to 1}f(x)=f(1)$이어야 하므로 $b=5$이다.

$\therefore b-a=5-(-3)=8$ 답 8

개념 ❷ 함수의 그래프와 연속

유형 ❸

ㄱ. (거짓) $\lim\limits_{x\to 3-}f(x)=0$, $\lim\limits_{x\to 3+}f(x)=0$이므로 $\lim\limits_{x\to 3}f(x)=0$

이때, $f(3)=1$이므로 $\lim\limits_{x\to 3}f(x)\neq f(3)$

ㄴ. (거짓) $\lim\limits_{x\to 2-}f(x)=2$, $\lim\limits_{x\to 2+}f(x)=1$이므로 $x=2$에서 함수 $f(x)$의 극한값은 존재하지 않는다.

ㄷ. (참) 주어진 함수 $y=f(x)$의 그래프는 $x=1$, $x=2$, $x=3$을 제외한 모든 점에서 연결되어 있으므로 함수 $f(x)$가 불연속인 점은 3개이다.
따라서 옳은 것은 ㄷ뿐이다.　　　　　　　　　　📗 ㄷ

03-1

ㄱ. (참) 함수 $f(x)$는 $x=2$에서 연속이므로 $\lim\limits_{x\to 2}f(x)=f(2)$

ㄴ. (참) 주어진 함수 $y=f(x)$의 그래프는 $x=1$을 제외한 모든 점에서 연결되어 있으므로 함수 $f(x)$가 불연속인 점은 1개이다.

ㄷ. (참) $g(x)=(x-1)f(x)$로 놓으면 $\lim\limits_{x\to 1}f(x)=2$이므로

$$\lim_{x\to 1}g(x)=\lim_{x\to 1}(x-1)f(x)$$
$$=\lim_{x\to 1}(x-1)\times\lim_{x\to 1}f(x)=0\times 2=0$$

또한 $g(1)=(1-1)f(1)=0\times 1=0$
그러므로 함수 $(x-1)f(x)$는 $x=1$에서 연속이다.
따라서 옳은 것은 ㄱ, ㄴ, ㄷ이다.　　　　　📗 ㄱ, ㄴ, ㄷ

유형 04

두 함수 $f(x)$, $g(x)$가 $x=a$에서 연속이므로
ㄱ. 함수 $\{f(x)\}^2=f(x)f(x)$는 $x=a$에서 연속이다.
ㄴ. 함수 $f(x)-3g(x)$는 $x=a$에서 연속이다.
ㄷ. $f(a)=0$일 때, 함수 $\dfrac{g(x)}{f(x)}$는 $x=a$에서 불연속이다.
따라서 $x=a$에서 연속인 함수는 ㄱ, ㄴ이다.　　📗 ㄱ, ㄴ

04-1

두 함수 $f(x)$, $g(x)$가 $x=a$에서 연속이므로
ㄱ. 함수 $f(x)+2g(x)$는 $x=a$에서 연속이다.
ㄴ. $f(a)=0$일 때, 함수 $\dfrac{g(x)-1}{\{f(x)\}^2}$은 $x=a$에서 불연속이다.
ㄷ. 함수 $3f(x)g(x)$는 $x=a$에서 연속이다.
따라서 $x=a$에서 연속인 함수는 ㄱ, ㄷ이다.　　📗 ㄱ, ㄷ

개념 ③ 최대·최소 정리 / 사잇값의 정리

개념Check

1 (1) 함수 $f(x)=-2x+3$은 구간 $[-1, 3]$에서 연속이고 그래프는 오른쪽 그림과 같다.
따라서 함수 $f(x)$의 최댓값은 5, 최솟값은 -3이다.

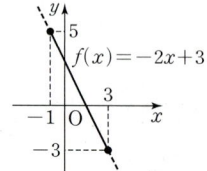

(2) 함수 $f(x)=x^2+1$은 구간 $[-1, 2]$에서 연속이고 그래프는 오른쪽 그림과 같다.
따라서 함수 $f(x)$의 최댓값은 5, 최솟값은 1이다.

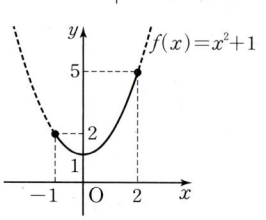

---

(3) 함수 $f(x)=\dfrac{1}{x+1}$은 구간 $[0, 3]$에서 연속이고 그래프는 오른쪽 그림과 같다.
따라서 함수 $f(x)$의 최댓값은 1, 최솟값은 $\dfrac{1}{4}$이다.

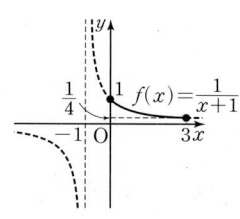

(4) 함수 $f(x)=\sqrt{x-1}$은 구간 $[3, 10]$에서 연속이고 그래프는 오른쪽 그림과 같다.
따라서 함수 $f(x)$의 최댓값은 3, 최솟값은 $\sqrt{2}$이다.

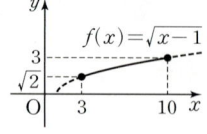

📗 (1) 최댓값 : 5, 최솟값 : -3　(2) 최댓값 : 5, 최솟값 : 1
(3) 최댓값 : 1, 최솟값 : $\dfrac{1}{4}$　(4) 최댓값 : 3, 최솟값 : $\sqrt{2}$

유형 05

함수 $f(x)=x^2-2x-3=(x-1)^2-4$는 구간 $[0, 3]$에서 연속이고 그래프는 오른쪽 그림과 같다.
따라서 함수 $f(x)$는
$x=3$일 때 최댓값 $f(3)=0$
$x=1$일 때 최솟값 $f(1)=-4$
를 가지므로 $M=0$, $m=-4$
$\therefore M+m=-4$　　　　　📗 -4

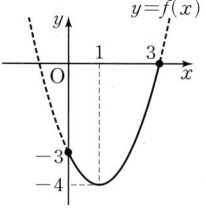

05-1

함수 $f(x)=\dfrac{x-6}{x-2}=-\dfrac{4}{x-2}+1$의 그래프는 오른쪽 그림과 같으므로 구간 $[-2, 1]$에서 연속이다.
따라서 함수 $f(x)$는
$x=1$일 때 최댓값 $f(1)=5$
$x=-2$일 때 최솟값 $f(-2)=2$
를 가지므로 $M=5$, $m=2$
$\therefore M-m=3$　　　　　📗 3

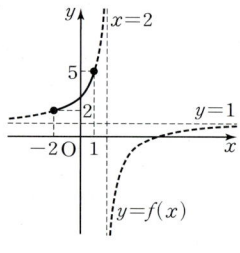

유형 06

$f(x)=x^3+3x-8$로 놓으면
$f(0)=-8<0$,　$f(1)=-4<0$,　$f(2)=6>0$,
$f(3)=28>0$,　$f(4)=68>0$,　$f(5)=132>0$
이때, $f(1)f(2)<0$이므로 사잇값의 정리에 의하여 방정식 $f(x)=0$은 구간 $(1, 2)$에서 하나의 실근을 갖는다.　📗 ②

06-1

$f(x)=2x^3-x^2+x+1$로 놓으면
$f(-2)=-21<0$, $f(-1)=-3<0$, $f(0)=1>0$,
$f(1)=3>0$, $f(2)=15>0$, $f(3)=49>0$
이때, $f(-1)f(0)<0$이므로 사잇값의 정리에 의하여 방정식 $f(x)=0$은 구간 $(-1, 0)$에서 하나의 실근을 갖는다.
📗 ②

01 21　　**02** ⑤　　**03** 3　　**04** ⑤　　**05** ⑤
06 ④　　**07** ③　　**08** ③

01

함수 $f(x)$가 $x=-1$에서 연속이므로

$\lim\limits_{x \to -1} f(x) = f(-1)$이다.

$\lim\limits_{x \to -1} f(x) = \lim\limits_{x \to -1} \dfrac{x^2+3x+a}{x+1}$에서 $x \to -1$일 때

(분모)$\to 0$이고 극한값이 존재하므로 (분자)$\to 0$이어야 한다.

즉, $\lim\limits_{x \to -1}(x^2+3x+a) = -2+a=0$

$\therefore a=2$　　　　　　　　　　　　　…… ㉠

㉠을 주어진 식에 대입하면

$\lim\limits_{x \to -1} \dfrac{x^2+3x+2}{x+1} = \lim\limits_{x \to -1} \dfrac{(x+1)(x+2)}{x+1}$
$= \lim\limits_{x \to -1}(x+2) = 1$

따라서 $\lim\limits_{x \to -1} f(x) = f(-1)$이므로 $b=1$이다.

$\therefore 10a+b=21$　　　　　　　　　　답 21

02

함수 $f(x)$가 $x=0$에서 연속이 되려면

$\lim\limits_{x \to 0} f(x) = f(0) = a$이어야 한다.

$\lim\limits_{x \to 0} f(x) = \lim\limits_{x \to 0} \dfrac{\sqrt{x+1}-1}{x}$
$= \lim\limits_{x \to 0} \dfrac{(\sqrt{x+1}-1)(\sqrt{x+1}+1)}{x(\sqrt{x+1}+1)}$
$= \lim\limits_{x \to 0} \dfrac{(x+1)-1}{x(\sqrt{x+1}+1)}$
$= \lim\limits_{x \to 0} \dfrac{x}{x(\sqrt{x+1}+1)}$
$= \lim\limits_{x \to 0} \dfrac{1}{\sqrt{x+1}+1} = \dfrac{1}{2}$

$\therefore a = \lim\limits_{x \to 0} f(x) = \dfrac{1}{2}$　　　　　　答 ⑤

03

함수 $f(x) = \dfrac{x-3}{x^2+ax+1}$이 실수 전체의 집합에서 연속이 되려면

모든 실수 x에 대하여 (분모)$\neq 0$이어야 한다.

즉, 모든 실수 x에 대하여 $x^2+ax+1 \neq 0$이어야 한다.

이차방정식 $x^2+ax+1=0$의 판별식을 D라 하면

$D=a^2-4<0$에서 $-2<a<2$

따라서 구하는 정수 a는 -1, 0, 1이고 그 개수는 3이다. 답 3

04

ㄱ. (참) $x \to 1+$일 때 $f(x) \to 1-$이므로

$\lim\limits_{x \to 1+} f(x) = 1$

ㄴ. (참) $h(x) = f(x)+g(x)$로 놓으면

$\lim\limits_{x \to 1-} h(x) = \lim\limits_{x \to 1-} \{f(x)+g(x)\}$
$= \lim\limits_{x \to 1-} f(x) + \lim\limits_{x \to 1-} g(x)$
$= 2+1=3$

$\lim\limits_{x \to 1+} h(x) = \lim\limits_{x \to 1+} \{f(x)+g(x)\}$
$= \lim\limits_{x \to 1+} f(x) + \lim\limits_{x \to 1+} g(x)$
$= 1+2=3$

이므로 $\lim\limits_{x \to 1} h(x) = \lim\limits_{x \to 1} \{f(x)+g(x)\} = 3$

또한 $h(1) = f(1)+g(1) = 2+1=3$

그러므로 함수 $f(x)+g(x)$는 $x=1$에서 연속이다.

ㄷ. (참) $k(x) = f(x)g(x)$로 놓으면

$\lim\limits_{x \to 1-} k(x) = \lim\limits_{x \to 1-} f(x)g(x)$
$= \lim\limits_{x \to 1-} f(x) \lim\limits_{x \to 1-} g(x)$
$= 2 \times 1 = 2$

$\lim\limits_{x \to 1+} k(x) = \lim\limits_{x \to 1+} f(x)g(x)$
$= \lim\limits_{x \to 1+} f(x) \lim\limits_{x \to 1+} g(x)$
$= 1 \times 2 = 2$

이므로 $\lim\limits_{x \to 1} k(x) = \lim\limits_{x \to 1} f(x)g(x) = 2$

또한 $k(1) = f(1)g(1) = 2 \times 1 = 2$

그러므로 함수 $f(x)g(x)$는 $x=1$에서 연속이다.

따라서 옳은 것은 ㄱ, ㄴ, ㄷ이다.　　　　　答 ⑤

05

두 함수 $f(x) = x^2+2$, $g(x) = \dfrac{1}{x-1}$에 대하여

① $f(x)g(x) = \dfrac{x^2+2}{x-1}$이므로 함수 $f(x)g(x)$는 $x \neq 1$인 모든 실수 x에서 연속이다.

② $\dfrac{g(x)}{f(x)} = \dfrac{1}{(x^2+2)(x-1)}$이므로 함수 $\dfrac{g(x)}{f(x)}$는 $x \neq 1$인 모든 실수 x에서 연속이다.

③ $\{g(x)\}^2 = \dfrac{1}{(x-1)^2}$이므로 함수 $\{g(x)\}^2$은 $x \neq 1$인 모든 실수 x에서 연속이다.

④ $f(g(x)) = \dfrac{1}{(x-1)^2} + 2$이므로 함수 $f(g(x))$는 $x \neq 1$인 모든 실수 x에서 연속이다.

⑤ $g(f(x)) = \dfrac{1}{x^2+1}$이고 모든 실수 x에 대하여 (분모)$\neq 0$이므로 함수 $g(f(x))$는 모든 실수 x에서 연속이다.

따라서 모든 실수 x에서 연속인 함수는 ⑤이다.　　　答 ⑤

06

함수 $f(x) = x-1$은 실수 전체의 집합에서 연속함수이고, 연속함수와 연속함수의 합 또는 곱도 연속함수이므로

① 함수 $\{f(x)\}^2 = (x-1)^2$은 실수 전체의 집합에서 연속이다.

② 함수 $\{f(x)+1\}^3=x^3$은 실수 전체의 집합에서 연속이다.

③ $f(f(x))=x-2$이므로 함수 $f(f(x))$는 실수 전체의 집합에서 연속이다.

④ 함수 $\dfrac{1}{f(x)+x}=\dfrac{1}{2x-1}$은 $x=\dfrac{1}{2}$에서 함숫값이 정의되지 않으므로 $x\neq\dfrac{1}{2}$인 모든 실수 x에서 연속이다.

⑤ $\dfrac{1}{\{f(x)\}^2+x}=\dfrac{1}{x^2-x+1}$이고 모든 실수 x에 대하여 (분모)$\neq0$이므로 함수 $\dfrac{1}{\{f(x)\}^2+x}$은 실수 전체의 집합에서 연속이다.

따라서 실수 전체의 집합에서 연속함수라고 할 수 없는 것은 ④이다.

답 ④

07

$g(x)=f(x)+x$로 놓으면 함수 $g(x)$는 닫힌구간 $[-3, 3]$에서 연속이고

$g(-3)=-4<0$, $g(-2)=1>0$, $g(-1)=-1<0$,
$g(0)=1>0$, $g(1)=-1<0$, $g(2)=-3<0$, $g(3)=2>0$

이므로 사잇값의 정리에 의하여 방정식 $g(x)=0$은 열린구간 $(-3, -2)$, $(-2, -1)$, $(-1, 0)$, $(0, 1)$, $(2, 3)$에서 각각 적어도 하나의 실근을 갖는다.

따라서 열린구간 $(-3, 3)$에서 방정식 $f(x)+x=0$의 실근의 개수의 최솟값은 5이다.

답 ③

08

연속함수 $f(x)$에 대하여 $f(x)=f(-x)$이므로

$f(0)f(-2)=f(0)f(2)<0$
$f(2)f(3)=f(-2)f(-3)>0$
$f(-3)f(-4)=f(3)f(4)<0$

즉, 사잇값의 정리에 의하여 방정식 $f(x)=0$은 열린구간 $(-4, -3)$, $(-2, 0)$, $(0, 2)$, $(3, 4)$에서 각각 적어도 하나의 실근을 갖는다.

따라서 열린구간 $(-4, 4)$에서 방정식 $f(x)=0$의 실근의 개수의 최솟값은 4이다.

답 ③

Ⅱ 미분

01 미분계수와 도함수

교과서 핵심 개념별 대표 유형 익히기　　본문 18~21쪽

개념 ① 평균변화율과 미분계수

개념 Check

1 (1) 함수 $f(x)=x^2+1$에 대하여 x의 값이 1에서 3까지 변할 때의 평균변화율은

$$\frac{f(3)-f(1)}{3-1}=\frac{(3^2+1)-(1^2+1)}{2}=4$$

(2) 함수 $f(x)=\sqrt{x}$에 대하여 x의 값이 4에서 9까지 변할 때의 평균변화율은

$$\frac{f(9)-f(4)}{9-4}=\frac{\sqrt{9}-\sqrt{4}}{5}=\frac{1}{5}$$

답 (1) 4 (2) $\dfrac{1}{5}$

2 (1) 함수 $f(x)=x^3$에 대하여 $x=1$에서의 미분계수는

$$\lim_{x\to1}\frac{f(x)-f(1)}{x-1}=\lim_{x\to1}\frac{x^3-1}{x-1}$$
$$=\lim_{x\to1}\frac{(x-1)(x^2+x+1)}{x-1}$$
$$=\lim_{x\to1}(x^2+x+1)=3$$

• 다른 풀이 •

함수 $f(x)=x^3$에 대하여 $x=1$에서의 미분계수는

$$\lim_{h\to0}\frac{f(1+h)-f(1)}{h}=\lim_{h\to0}\frac{(1+h)^3-1^3}{h}$$
$$=\lim_{h\to0}\frac{h^3+3h^2+3h}{h}$$
$$=\lim_{h\to0}(h^2+3h+3)=3$$

(2) 함수 $f(x)=2+3x-x^2$에 대하여 $x=1$에서의 미분계수는

$$\lim_{x\to1}\frac{f(x)-f(1)}{x-1}=\lim_{x\to1}\frac{(2+3x-x^2)-4}{x-1}$$
$$=\lim_{x\to1}\frac{-(x-1)(x-2)}{x-1}$$
$$=\lim_{x\to1}\{-(x-2)\}=1$$

답 (1) 3 (2) 1

유형 01

함수 $f(x)=x^2+ax$에 대하여 x의 값이 1에서 4까지 변할 때의 평균변화율은

$$\frac{f(4)-f(1)}{4-1}=\frac{16+4a-(1+a)}{3}$$
$$=\frac{15+3a}{3}=5+a$$

이므로 $5+a=8$

$\therefore a=3$

답 ③

01-1

함수 $f(x)=-x^2+2x$에 대하여 x의 값이 0에서 6까지 변할 때의

평균변화율은
$$\frac{f(6)-f(0)}{6-0}=\frac{(-6^2+2\times 6)-0}{6}=-4$$
x의 값이 2에서 a까지 변할 때의 평균변화율은
$$\frac{f(a)-f(2)}{a-2}=\frac{(-a^2+2a)-0}{a-2}=-a$$
이므로 $-a=-4$
$\therefore a=4$ 답 ②

유형 ②

함수 $f(x)=x^2+x$의 닫힌구간 $[1, 3]$에서의 평균변화율은
$$\frac{f(3)-f(1)}{3-1}=\frac{12-2}{2}=5$$
이고, $x=a$에서의 미분계수는
$$\begin{aligned}\lim_{x\to a}\frac{f(x)-f(a)}{x-a}&=\lim_{x\to a}\frac{x^2+x-(a^2+a)}{x-a}\\&=\lim_{x\to a}\frac{x^2-a^2+x-a}{x-a}\\&=\lim_{x\to a}\frac{(x-a)(x+a+1)}{x-a}\\&=2a+1\end{aligned}$$
이므로 $2a+1=5$
$\therefore a=2$ 답 ②

02-1

함수 $f(x)=x^2+4x$에 대하여 x의 값이 -1에서 2까지 변할 때의 평균변화율은
$$\frac{f(2)-f(-1)}{2-(-1)}=\frac{12-(-3)}{3}=5$$
이고, $x=a$에서의 순간변화율은
$$\begin{aligned}\lim_{x\to a}\frac{f(x)-f(a)}{x-a}&=\lim_{x\to a}\frac{(x^2+4x)-(a^2+4a)}{x-a}\\&=\lim_{x\to a}\frac{x^2-a^2+4x-4a}{x-a}\\&=\lim_{x\to a}\frac{(x-a)(x+a+4)}{x-a}\\&=2a+4\end{aligned}$$
이므로 $2a+4=5$
$\therefore a=\frac{1}{2}$ 답 ①

개념 ② 미분계수를 이용한 극한값의 계산 / 미분가능성과 연속성

개념 Check

1 (1) $\displaystyle\lim_{h\to 0}\frac{f(a+2h)-f(a)}{h}=\lim_{h\to 0}\frac{f(a+2h)-f(a)}{2h}\times 2$
$$=2f'(a)$$
(2) $\displaystyle\lim_{h\to 0}\frac{f(a+3h)-f(a-2h)}{h}$
$$=\lim_{h\to 0}\frac{f(a+3h)-f(a)+f(a)-f(a-2h)}{h}$$

$$\begin{aligned}&=\lim_{h\to 0}\frac{f(a+3h)-f(a)}{3h}\times 3+\lim_{h\to 0}\frac{f(a-2h)-f(a)}{-2h}\times 2\\&=3f'(a)+2f'(a)\\&=5f'(a)\end{aligned}$$ 답 (1) $2f'(a)$ (2) $5f'(a)$

· 보충 설명

$\displaystyle\lim_{h\to 0}\frac{f(a+ph)-f(a-qh)}{h}$ 꼴의 극한값은 분자에
$+f(a)-f(a)$를 추가한 후 미분계수 형태로 변형하여 구한다.

유형 ③

$$\begin{aligned}\lim_{h\to 0}\frac{f(a+2h)-f(a)}{3h}&=\lim_{h\to 0}\frac{f(a+2h)-f(a)}{2h}\times\frac{2}{3}\\&=\frac{2}{3}f'(a)=\frac{2}{3}\times 6=4\end{aligned}$$ 답 ④

03-1

$$\begin{aligned}&\lim_{h\to 0}\frac{f(1+2h)-f(1-2h)}{h}\\&=\lim_{h\to 0}\frac{f(1+2h)-f(1)+f(1)-f(1-2h)}{h}\\&=\lim_{h\to 0}\frac{f(1+2h)-f(1)}{2h}\times 2+\lim_{h\to 0}\frac{f(1-2h)-f(1)}{-2h}\times 2\\&=2f'(1)+2f'(1)\\&=4f'(1)=4\times 2=8\end{aligned}$$ 답 ④

유형 ④

ㄱ. 함수 $f(x)=\dfrac{1}{x}$은 $f(0)$이 존재하지 않으므로 함수 $f(x)$는 $x=0$에서 불연속이다.

ㄴ. (i) $\displaystyle\lim_{x\to 0}g(x)=\lim_{x\to 0}|x|=0$이고, $g(0)=0$이므로 함수 $g(x)$는 $x=0$에서 연속이다.

(ii) $\displaystyle\lim_{h\to 0+}\frac{g(0+h)-g(0)}{h}=\lim_{h\to 0+}\frac{h}{h}=1$
$\displaystyle\lim_{h\to 0-}\frac{g(0+h)-g(0)}{h}=\lim_{h\to 0-}\frac{-h}{h}=-1$
이므로 함수 $g(x)$는 $x=0$에서 미분가능하지 않다.
즉, 함수 $g(x)$는 $x=0$에서 연속이지만 미분가능하지 않다.

ㄷ. (i) $\displaystyle\lim_{x\to 0}k(x)=\lim_{x\to 0}x|x|=0$이고, $k(0)=0$이므로 함수 $k(x)$는 $x=0$에서 연속이다.

(ii) $\displaystyle\lim_{h\to 0+}\frac{k(0+h)-k(0)}{h}=\lim_{h\to 0+}\frac{h^2}{h}=\lim_{h\to 0+}h=0$
$\displaystyle\lim_{h\to 0-}\frac{k(0+h)-k(0)}{h}=\lim_{h\to 0-}\frac{-h^2}{h}$
$$=\lim_{h\to 0-}(-h)=0$$
이므로 함수 $k(x)$는 $x=0$에서 미분가능하다.
즉, 함수 $k(x)$는 $x=0$에서 연속이고, 미분가능하다.
따라서 $x=0$에서 연속이지만 미분가능하지 않은 함수는 ㄴ뿐이다. 답 ②

04-1

ㄱ. (ⅰ) $\lim\limits_{x\to0}f(x)=f(0)=2$이므로 함수 $f(x)$는 $x=0$에서 연속

이다.

(ⅱ) $f'(0)=\lim\limits_{h\to0}\dfrac{f(0+h)-f(0)}{h}=\lim\limits_{h\to0}\dfrac{2-2}{h}=0$

이므로 함수 $f(x)$는 $x=0$에서 미분가능하다.

즉, 함수 $f(x)$는 $x=0$에서 연속이고, 미분가능하다.

ㄴ. 함수 $g(x)=\dfrac{|x|}{x}$는 $g(0)$이 존재하지 않으므로 함수 $g(x)$는

$x=0$에서 불연속이다.

ㄷ. (ⅰ) $\lim\limits_{x\to0}k(x)=\lim\limits_{x\to0}(x+|x|)=0$이고, $k(0)=0$이므로

함수 $k(x)$는 $x=0$에서 연속이다.

(ⅱ) $\lim\limits_{h\to0+}\dfrac{k(0+h)-k(0)}{h}=\lim\limits_{h\to0+}\dfrac{h+|h|-0}{h}$

$=\lim\limits_{h\to0+}\dfrac{h+h}{h}=2$

$\lim\limits_{h\to0-}\dfrac{k(0+h)-k(0)}{h}=\lim\limits_{h\to0-}\dfrac{h+|h|-0}{h}$

$=\lim\limits_{h\to0-}\dfrac{h-h}{h}=0$

이므로 함수 $k(x)$는 $x=0$에서 미분가능하지 않다.

즉, 함수 $k(x)$는 $x=0$에서 연속이지만 미분가능하지 않다.

따라서 $x=0$에서 연속이지만 미분가능하지 않은 함수는 ㄷ뿐이다. 답 ③

개념 ③ 도함수와 그 계산

개념 Check

1 (1) $f'(x)=\lim\limits_{h\to0}\dfrac{f(x+h)-f(x)}{h}$

$=\lim\limits_{h\to0}\dfrac{(x+h)^2+(x+h)-(x^2+x)}{h}$

$=\lim\limits_{h\to0}\dfrac{2xh+h^2+h}{h}$

$=\lim\limits_{h\to0}(2x+h+1)$

$=2x+1$

(2) $f'(x)=\lim\limits_{h\to0}\dfrac{f(x+h)-f(x)}{h}$

$=\lim\limits_{h\to0}\dfrac{\{5(x+h)^2-2(x+h)\}-(5x^2-2x)}{h}$

$=\lim\limits_{h\to0}\dfrac{10xh+5h^2-2h}{h}$

$=\lim\limits_{h\to0}(10x+5h-2)$

$=10x-2$

답 (1) $f'(x)=2x+1$ (2) $f'(x)=10x-2$

2 (1) $f(x)=2x^2+1$에서

$f'(x)=(2x^2)'+(1)'=2(x^2)'+(1)'=2\times2x=4x$

(2) $f(x)=\dfrac{1}{2}x^4+\dfrac{1}{3}x^3-2x$에서

$f'(x)=\left(\dfrac{1}{2}x^4\right)'+\left(\dfrac{1}{3}x^3\right)'+(-2x)'$

$=\dfrac{1}{2}(x^4)'+\dfrac{1}{3}(x^3)'-2(x)'$

$=\dfrac{1}{2}\times4x^3+\dfrac{1}{3}\times3x^2-2\times1$

$=2x^3+x^2-2$

답 (1) $f'(x)=4x$ (2) $f'(x)=2x^3+x^2-2$

유형 05

$f'(x)=\lim\limits_{t\to x}\dfrac{f(t)-f(x)}{t-x}$

$=\lim\limits_{t\to x}\dfrac{\boxed{t^2-x^2}}{t-x}$

$=\lim\limits_{t\to x}\dfrac{(t-x)(t+x)}{t-x}$

$=\lim\limits_{t\to x}(\boxed{t+x})=2x$ 답 ③

05-1

주어진 식에 $x=0$, $y=0$을 대입하면

$f(0)=f(0)+f(0)$에서 $f(0)=0$

$f'(x)=\lim\limits_{h\to0}\dfrac{f(x+h)-f(x)}{h}$

$=\lim\limits_{h\to0}\dfrac{f(x)+f(h)-f(x)}{h}$

$=\lim\limits_{h\to0}\dfrac{f(h)}{h}$

$=\lim\limits_{h\to0}\dfrac{f(h)-f(0)}{h}$

$=f'(0)=2$

따라서 모든 실수 x에 대하여 $f'(x)=2$이므로 $f'(10)=2$이다.

답 2

유형 06

$f(x)=x^2+3x-5$에서 $f'(x)=2x+3$

$\therefore f'(2)=2\times2+3=7$ 답 ⑤

06-1

$f(x)=\dfrac{1}{3}x^3+\dfrac{a}{2}x^2+2x$에서

$f'(x)=x^2+ax+2$이므로

$f'(1)=1+a+2=5$

$\therefore a=2$ 답 2

개념 ④ 미분법의 공식

개념 Check

1 (1) $f(x)=x^2(2-3x^2)$에서

$f'(x)=(x^2)'(2-3x^2)+x^2(2-3x^2)'$

$=2x(2-3x^2)+x^2(-6x)$

$=-12x^3+4x$

(2) $f(x)=(2x-1)(x^2-x+2)$에서

$\quad f'(x)=(2x-1)'(x^2-x+2)+(2x-1)(x^2-x+2)'$

$\qquad\quad =2(x^2-x+2)+(2x-1)(2x-1)$

$\qquad\quad =6x^2-6x+5$

(3) $f(x)=(x+1)(x+2)(x+3)$에서

$\quad f'(x)=(x+1)'(x+2)(x+3)+(x+1)(x+2)'(x+3)$

$\qquad\qquad\qquad\qquad\qquad\quad +(x+1)(x+2)(x+3)'$

$\qquad\quad =(x+2)(x+3)+(x+1)(x+3)+(x+1)(x+2)$

$\qquad\quad =3x^2+12x+11$

(4) $f(x)=(4x+1)^3$에서

$\quad f'(x)=3(4x+1)^2(4x+1)'$

$\qquad\quad =12(4x+1)^2$

답 (1) $f'(x)=-12x^3+4x$ (2) $f'(x)=6x^2-6x+5$
(3) $f'(x)=3x^2+12x+11$ (4) $f'(x)=12(4x+1)^2$

유형 07

$g(x)=f(x)+3x-4$라 하면

$g(1)=f(1)+3-4=1+3-4=0$이므로

$\displaystyle\lim_{x\to1}\frac{f(x)+3x-4}{x-1}=\lim_{x\to1}\frac{g(x)-g(1)}{x-1}=g'(1)$

이때, $g'(x)=f'(x)+3=12x^{11}+3$이므로

$g'(1)=12+3=15$

답 ③

07-1

$\displaystyle\lim_{h\to0}\frac{f(3+h)-f(3-h)}{4h}$

$\displaystyle=\lim_{h\to0}\frac{f(3+h)-f(3)+f(3)-f(3-h)}{4h}$

$\displaystyle=\lim_{h\to0}\frac{\{f(3+h)-f(3)\}-\{f(3-h)-f(3)\}}{h}\times\frac{1}{4}$

$\displaystyle=\left\{\lim_{h\to0}\frac{f(3+h)-f(3)}{h}+\lim_{h\to0}\frac{f(3-h)-f(3)}{-h}\right\}\times\frac{1}{4}$

$\displaystyle=2f'(3)\times\frac{1}{4}=\frac{1}{2}f'(3)$

이때, $f(x)=x^2-4x+3$에서

$f'(x)=2x-4$이므로

$\dfrac{1}{2}f'(3)=\dfrac{1}{2}\times2=1$

답 ②

유형 08

$f(x)=(x-1)(x^3+x^2+5)$에서

$f'(x)=(x-1)'(x^3+x^2+5)+(x-1)(x^3+x^2+5)'$

$\qquad\quad =(x^3+x^2+5)+(x-1)(3x^2+2x)$

$\therefore f'(1)=1+1+5=7$

답 ④

08-1

$f(x)=(x^2+x+1)(x^2-x+1)$에서

$f'(x)=(x^2+x+1)'(x^2-x+1)+(x^2+x+1)(x^2-x+1)'$

$\qquad\quad =(2x+1)(x^2-x+1)+(x^2+x+1)(2x-1)$

$\therefore f'(1)=3+3=6$

답 ③

대표 유형 **다지기**				본문 **22~23**쪽
01 ③	**02** 1	**03** ②	**04** 4	**05** ③
06 ④	**07** 5	**08** ④	**09** ②	**10** ③
11 44	**12** 14	**13** ①	**14** ①	**15** ④
16 ④				

01

함수 $f(x)$에 대하여 x의 값이 1에서 2까지 변할 때의 평균변화율이 3이므로

$\dfrac{f(2)-f(1)}{2-1}=3$

그런데 두 점 $A(1,\,f(1))$, $B(2,\,f(2))$를 지나는 직선의 기울기는

$\dfrac{f(2)-f(1)}{2-1}=3$

즉, 평균변화율과 직선의 기울기가 같으므로 3이다.

답 ③

02

함수 $f(x)=2x^2-x$에 대하여 x의 값이 -1에서 3까지 변할 때의 평균변화율은

$\dfrac{f(3)-f(-1)}{3-(-1)}=\dfrac{15-3}{4}=3$

이고, $x=a$에서의 순간변화율은

$\displaystyle\lim_{x\to a}\frac{f(x)-f(a)}{x-a}=\lim_{x\to a}\frac{(2x^2-x)-(2a^2-a)}{x-a}$

$\displaystyle\qquad\qquad\qquad\quad =\lim_{x\to a}\frac{2x^2-2a^2-x+a}{x-a}$

$\displaystyle\qquad\qquad\qquad\quad =\lim_{x\to a}\frac{(x-a)(2x+2a-1)}{x-a}$

$\qquad\qquad\qquad\quad =4a-1$

이므로 $4a-1=3$

$\therefore a=1$

답 1

03

$\displaystyle\lim_{h\to0}\frac{f(a+2h)-f(a)}{5h}$

$\displaystyle=\lim_{h\to0}\frac{f(a+2h)-f(a)}{2h}\times\frac{2}{5}$

$\displaystyle=\frac{2}{5}f'(a)$

답 ②

04

$\displaystyle\lim_{x\to2}\frac{2f(x)-xf(2)}{x-2}$

$\displaystyle=\lim_{x\to2}\frac{2f(x)-2f(2)+2f(2)-xf(2)}{x-2}$

$\displaystyle=\lim_{x\to2}\frac{2\{f(x)-f(2)\}-(x-2)f(2)}{x-2}$

$\displaystyle=2\lim_{x\to2}\frac{f(x)-f(2)}{x-2}-f(2)$

$=2f'(2)-f(2)$

$=2\times3-2=4$

답 4

05

$$\lim_{x \to 1} \frac{x^3 f(1) - f(x^3)}{x-1}$$

$$= \lim_{x \to 1} \frac{x^3 f(1) - f(1) + f(1) - f(x^3)}{x-1}$$

$$= \lim_{x \to 1} \frac{(x^3 - 1)f(1) - f(x^3) + f(1)}{x-1}$$

$$= \lim_{x \to 1} (x^2 + x + 1)f(1) - \lim_{x \to 1} \frac{f(x^3) - f(1)}{x-1}$$

$$= 3f(1) - \lim_{x \to 1} \left\{ \frac{f(x^3) - f(1)}{x^3 - 1} \times (x^2 + x + 1) \right\}$$

$$= 3f(1) - 3f'(1)$$

$$= 3 \times 5 - 3 \times 3 = 6$$

탑 ③

06

ㄱ. (i) $\lim\limits_{x \to 0} f(x) = \lim\limits_{x \to 0} 2|x| = 0$이고, $f(0) = 0$이므로 함수 $f(x)$는 $x=0$에서 연속이다.

　(ii) $\lim\limits_{h \to 0+} \dfrac{f(h) - f(0)}{h} = \lim\limits_{h \to 0+} \dfrac{2|h|}{h} = \lim\limits_{h \to 0+} \dfrac{2h}{h} = 2$

　　$\lim\limits_{h \to 0-} \dfrac{f(h) - f(0)}{h} = \lim\limits_{h \to 0-} \dfrac{2|h|}{h} = \lim\limits_{h \to 0-} \dfrac{-2h}{h} = -2$

　　이므로 함수 $f(x)$는 $x=0$에서 미분가능하지 않다.

　즉, 함수 $f(x)$는 $x=0$에서 연속이지만 미분가능하지 않다.

ㄴ. 함수 $g(x) = \dfrac{x^2 - 1}{x}$은 $g(0)$이 존재하지 않으므로 함수 $g(x)$는 $x=0$에서 불연속이다.

ㄷ. (i) $\lim\limits_{x \to 0+} k(x) = \lim\limits_{x \to 0+} (x+1) = 1$

　　$\lim\limits_{x \to 0-} k(x) = \lim\limits_{x \to 0-} 1 = 1$

　　이고, $k(0) = 1$이므로 함수 $k(x)$는 $x=0$에서 연속이다.

　(ii) $\lim\limits_{h \to 0+} \dfrac{k(h) - k(0)}{h} = \lim\limits_{h \to 0+} \dfrac{h+1-1}{h} = 1$

　　$\lim\limits_{h \to 0-} \dfrac{k(h) - k(0)}{h} = \lim\limits_{h \to 0-} \dfrac{1-1}{h} = 0$

　　이므로 함수 $k(x)$는 $x=0$에서 미분가능하지 않다.

　즉, 함수 $k(x)$는 $x=0$에서 연속이지만 미분가능하지 않다.

따라서 $x=0$에서 연속이지만 미분가능하지 않은 함수는 ㄱ, ㄷ이다.

탑 ④

07

열린구간 $(-1, 5)$에서 함수 $y=f(x)$의 그래프는 $x=3$, $x=4$인 점에서 불연속이다.　∴ $m=2$

또한 불연속인 점과 뾰족한 점에서는 미분가능하지 않으므로 $x=2$, $x=3$, $x=4$인 점에서 함수 $f(x)$는 미분가능하지 않다.

∴ $n=3$

∴ $m+n = 2+3 = 5$

탑 5

08

ㄱ. (거짓) $f'(2)$는 함수 $y=f(x)$의 그래프의 $x=2$에서의 접선의 기울기와 같으므로 $f'(2) > 0$이다.

ㄴ. (참) 함수 $f(x)$는 $x=6$에서 불연속이므로 불연속인 점의 개수는 1이다.

ㄷ. (참) 함수 $f(x)$는 $x=5$일 때 뾰족한 점이므로 미분가능하지 않고, $x=6$일 때 불연속이므로 미분가능하지 않다.

그러므로 $f(x)$가 미분가능하지 않은 점의 개수는 2이다.

따라서 옳은 것은 ㄴ, ㄷ이다.

탑 ④

09

$$f'(1) = \lim_{h \to 0} \frac{f(1+h) - f(1)}{h}$$

$$= \lim_{h \to 0} \frac{f(1) + f(h) + h - f(1)}{h}$$

$$= \lim_{h \to 0} \frac{f(h) + h}{h}$$

$$= \lim_{h \to 0} \frac{f(h)}{h} + 1 = 3$$

이므로 $\lim\limits_{h \to 0} \dfrac{f(h)}{h} = 2$　　　……㉠

또한

$$f'(x) = \lim_{h \to 0} \frac{f(x+h) - f(x)}{h}$$

$$= \lim_{h \to 0} \frac{f(x) + f(h) + xh - f(x)}{h}$$

$$= \lim_{h \to 0} \frac{f(h) + xh}{h}$$

$$= \lim_{h \to 0} \frac{f(h)}{h} + x$$

$$= 2 + x \; (\because ㉠)$$

∴ $f'(2) = 2 + 2 = 4$

탑 ②

10

$f(x) = x^2 + kx + 3$에서

$f'(x) = 2x + k$

$f'(-1) = -2 + k = 2$

∴ $k = 4$

탑 ③

11

$f(x) = 1 + x + x^2 + \cdots + x^{10}$에서

$f(1) = 1 + 1 + 1 + \cdots + 1 = 1 \times 11 = 11$

$f'(x) = 1 + 2x + 3x^2 + \cdots + 10x^9$에서

$f'(1) = 1 + 2 + 3 + \cdots + 10$

$\quad = (1+10) + (2+9) + (3+8) + (4+7) + (5+6)$

$\quad = 11 \times 5 = 55$

∴ $f'(1) - f(1) = 55 - 11 = 44$

탑 44

12

$f(x) = x^3 + x$, $g(x) = x^4 + x^2$에서

$f(1) = g(1) = 2$

$f'(x) = 3x^2 + 1$, $g'(x) = 4x^3 + 2x$에서

$f'(1) = 4$, $g'(1) = 6$

$$\therefore \lim_{h\to 0}\frac{f(1+2h)-g(1-h)}{h}$$
$$=\lim_{h\to 0}\frac{f(1+2h)-f(1)+g(1)-g(1-h)}{h} \quad (\because f(1)=g(1))$$
$$=\lim_{h\to 0}\frac{f(1+2h)-f(1)}{h}-\lim_{h\to 0}\frac{g(1-h)-g(1)}{h}$$
$$=\lim_{h\to 0}\frac{f(1+2h)-f(1)}{2h}\times 2+\lim_{h\to 0}\frac{g(1-h)-g(1)}{-h}$$
$$=2f'(1)+g'(1)$$
$$=2\times 4+6=14$$

답 14

13

$$\lim_{x\to 1}\frac{f(x)-f(1)}{x^2-1}=\lim_{x\to 1}\left\{\frac{f(x)-f(1)}{x-1}\times\frac{1}{x+1}\right\}$$
$$=\frac{1}{2}f'(1)=3$$

이므로 $f'(1)=6$

또한 $f(x)=x^3+x^2+ax$에서

$f'(x)=3x^2+2x+a$이므로

$f'(1)=3+2+a=6$

$\therefore a=1$

답 ①

14

$f(x)=(2x^2+1)(-3x+a)$에서

$f'(x)=(2x^2+1)'(-3x+a)+(2x^2+1)(-3x+a)'$
$=4x(-3x+a)-3(2x^2+1)$

이때, $f'(-1)=-4(3+a)-3\times 3=3$이므로

$-4a=24$ $\therefore a=-6$

답 ①

15

$f(x)=(4x-3)(3x-2)(-2x+a)$에서

$f'(x)=(4x-3)'(3x-2)(-2x+a)$
$\qquad +(4x-3)(3x-2)'(-2x+a)$
$\qquad +(4x-3)(3x-2)(-2x+a)'$
$=4(3x-2)(-2x+a)+3(4x-3)(-2x+a)$
$\qquad\qquad -2(4x-3)(3x-2)$

이때, $f'(1)=4(-2+a)+3(-2+a)-2=12$이므로

$7a=28$ $\therefore a=4$

답 ④

16

$\lim_{x\to 1}\frac{f(x)-3}{x-1}=6$에서 극한값이 존재하고, $x\longrightarrow 1$일 때

(분모)$\longrightarrow 0$이므로 (분자)$\longrightarrow 0$이어야 한다.

즉, $\lim_{x\to 1}\{f(x)-3\}=f(1)-3=0$

$\therefore f(1)=3$

또한 $\lim_{x\to 1}\frac{f(x)-3}{x-1}=\lim_{x\to 1}\frac{f(x)-f(1)}{x-1}=f'(1)=6$

이때, $g(x)=xf(x)$에서 $g'(x)=f(x)+xf'(x)$이므로

$g'(1)=f(1)+f'(1)=3+6=9$

답 ④

---

02 | 도함수의 활용 (1)

교과서 핵심 개념별 대표 유형 익히기 본문 24~27쪽

개념 ① 접선의 방정식

유형 01

$f(x)=x^2-4x+3$이라 하면 $f'(x)=2x-4$이므로

점 $(0, 3)$에서의 접선의 기울기는

$f'(0)=-4$

답 ①

01-1

$f(x)=(x^2+2x-1)(x^2-x)$라 하면

$f'(x)=(x^2+2x-1)'(x^2-x)+(x^2+2x-1)(x^2-x)'$
$=(2x+2)(x^2-x)+(x^2+2x-1)(2x-1)$

따라서 곡선 $y=f(x)$ 위의 $x=1$인 점에서의 접선의 기울기는

$f'(1)=0+2\times 1=2$

답 ②

유형 02

$f(x)=x^2-3x$라 하면

$f'(x)=2x-3$이므로

$f'(2)=2\times 2-3=1$

접선의 방정식은

$y-(-2)=x-2$

$\therefore y=x-4$

따라서 $a=1$, $b=-4$이므로

$a+b=1+(-4)=-3$

답 ①

02-1

$f(x)=2x^3-3x^2-1$이라 하면

$f'(x)=6x^2-6x$이므로

$f'(2)=6\times 2^2-6\times 2=12$

접선의 방정식은

$y-3=12(x-2)$

$\therefore y=12x-21$

따라서 $a=12$, $b=21$이므로

$b-a=21-12=9$

답 ⑤

02-2

$f(x)=-x^2+5x-4$라 하면

$f'(x)=-2x+5$이므로

$f'(3)=-2\times 3+5=-1$

이때, 점 $(3, 2)$에서 그은 접선의 기울기가 -1이므로 이 접선에 수직인 직선의 기울기는 1이고 점 $(3, 2)$를 지나므로

$y-2=1\times(x-3)$

$\therefore y=x-1$

따라서 $a=1$, $b=-1$이므로

$ab=1\times(-1)=-1$

답 ①

개념 ② 기울기가 주어진 접선의 방정식

개념 Check

1 (1) $f(x)=\dfrac{1}{2}x^2+4x+3$이라 하면 $f'(x)=x+4$

접점의 좌표를 $\left(t,\ \dfrac{1}{2}t^2+4t+3\right)$이라 하면 이 점에서의 접

선의 기울기가 6이므로

$f'(t)=t+4=6$　∴ $t=2$

따라서 구하는 접선은 점 $(2,\ 13)$을 지나고 기울기가 6이므로

$y-13=6(x-2)$　∴ $y=6x+1$

(2) $f(x)=x^4-x+1$이라 하면 $f'(x)=4x^3-1$

접점의 좌표를 $(t,\ t^4-t+1)$이라 하면 이 점에서의 접선의

기울기가 3이므로

$f'(t)=4t^3-1=3,\ 4t^3=4$

$t^3=1$　∴ $t=1$

따라서 구하는 접선은 점 $(1,\ 1)$을 지나고 기울기가 3이므로

$y-1=3(x-1)$　∴ $y=3x-2$

답 (1) $y=6x+1$ (2) $y=3x-2$

유형 ③

$f(x)=2x^2+x$라 하면 $f'(x)=4x+1$

접점의 좌표를 $(t,\ 2t^2+t)$라 하면 이 점에서의 접선의 기울기가 5이므로

$f'(t)=4t+1=5$　∴ $t=1$

구하는 접선은 점 $(1,\ 3)$을 지나고 기울기가 5이므로

$y-3=5(x-1)$　∴ $y=5x-2$

따라서 접선의 y절편은 -2이다.

답 ②

03-1

$f(x)=x^2+3x-1$이라 하면 $f'(x)=2x+3$

접점의 좌표를 $(t,\ t^2+3t-1)$이라 하면 직선 $y=-x+3$에 평행한 접선의 기울기는 -1이므로

$f'(t)=2t+3=-1$　∴ $t=-2$

구하는 접선은 점 $(-2,\ -3)$을 지나고 기울기가 -1이므로

$y-(-3)=-(x+2)$　∴ $y=-x-5$

따라서 직선의 y절편은 -5이다.

답 ③

03-2

$f(x)=x^3+3x^2$이라 하면 $f'(x)=3x^2+6x$

접점의 좌표를 $(t,\ t^3+3t^2)$이라 하면 직선 $x-3y=1$, 즉

$y=\dfrac{1}{3}x-\dfrac{1}{3}$에 수직인 접선의 기울기는 -3이므로

$f'(t)=3t^2+6t=-3,\ t^2+2t+1=0$

$(t+1)^2=0$　∴ $t=-1$

구하는 접선은 점 $(-1,\ 2)$를 지나고 기울기가 -3이므로

$y-2=-3(x+1)$　∴ $y=-3x-1$

따라서 $a=-3,\ b=-1$이므로

$ab=(-3)\times(-1)=3$

답 ④

03-3

$f(x)=x^3+3x^2-6x$라 하면 $f'(x)=3x^2+6x-6$

접점의 좌표를 $(t,\ t^3+3t^2-6t)$라 하면 직선 $y=3x+2$와 평행한 접선의 기울기는 3이므로

$f'(t)=3t^2+6t-6=3,\ t^2+2t-3=0$

$(t+3)(t-1)=0$　∴ $t=-3$ 또는 $t=1$

따라서 접점은 $A(-3,\ 18)$, $B(1,\ -2)$이므로 선분 AB의 중점

의 좌표는 $\left(\dfrac{-3+1}{2},\ \dfrac{18+(-2)}{2}\right)$

즉, $(-1,\ 8)$이다.

답 ④

개념 ③ 곡선 밖의 한 점에서 곡선에 그은 접선의 방정식

개념 Check

1 $f(x)=x^3+2x$라 하면 $f'(x)=3x^2+2$

접점의 좌표를 $(t,\ t^3+2t)$라 하면 이 점에서의 접선의 기울기는 $f'(t)=3t^2+2$이므로 접선의 방정식은

$y-(t^3+2t)=(3t^2+2)(x-t)$

∴ $y=(3t^2+2)x-2t^3$　　……㉠

이 직선이 점 $(0,\ -2)$를 지나므로

$-2=-2t^3,\ t^3=1$

∴ $t=1$ (∵ $t^2+t+1>0$)

㉠에 $t=1$을 대입하면 $y=5x-2$

답 $y=5x-2$

2 $f(x)=-x^3+x+2$라 하면 $f'(x)=-3x^2+1$

접점의 좌표를 $(t,\ -t^3+t+2)$라 하면 이 점에서의 접선의 기울기는 $f'(t)=-3t^2+1$이므로 접선의 방정식은

$y-(-t^3+t+2)=(-3t^2+1)(x-t)$

∴ $y=(-3t^2+1)x+2t^3+2$　　……㉠

이 직선이 점 $(2,\ -4)$를 지나므로

$-4=2t^3-6t^2+4,\ t^3-3t^2+4=0$

$(t+1)(t-2)^2=0$

∴ $t=-1$ 또는 $t=2$

㉠에 $t=-1$을 대입하면 $y=-2x$

㉠에 $t=2$를 대입하면 $y=-11x+18$

답 $y=-2x,\ y=-11x+18$

유형 ④

$f(x)=x^3+4$라 하면 $f'(x)=3x^2$

접점의 좌표를 $(t,\ t^3+4)$라 하면 이 점에서의 접선의 기울기는 $f'(t)=3t^2$이므로 접선의 방정식은

$y-(t^3+4)=3t^2(x-t)$

∴ $y=3t^2x-2t^3+4$

이 직선이 점 $(0,\ 2)$를 지나므로

$2=-2t^3+4,\ t^3=1$　∴ $t=1$ (∵ $t^2+t+1>0$)

따라서 구하는 접점의 좌표는 $(1,\ 5)$이므로

$a=1,\ b=5$

∴ $a-b=1-5=-4$

답 ②

04-1

$f(x)=\frac{1}{4}x^2$이라 하면 $f'(x)=\frac{1}{2}x$

접점의 좌표를 $\left(t, \frac{1}{4}t^2\right)$이라 하면 이 점에서의 접선의 기울기는

$f'(t)=\frac{1}{2}t$이므로 접선의 방정식은

$y-\frac{1}{4}t^2=\frac{1}{2}t(x-t)$

$\therefore y=\frac{1}{2}tx-\frac{1}{4}t^2$

이 직선이 점 $(0, -4)$를 지나므로

$-4=-\frac{1}{4}t^2,\ t^2=16$ $\therefore t=-4$ 또는 $t=4$

$t=-4$일 때 $f'(-4)=-2$

$t=4$일 때 $f'(4)=2$

따라서 구하는 두 접선의 기울기의 곱은

$-2\times 2=-4$ 답 ①

유형 05

$f(x)=x^2+ax+b,\ g(x)=-x^3+c$에서

$f'(x)=2x+a,\ g'(x)=-3x^2$

두 곡선 $y=f(x),\ y=g(x)$가 점 $(1, 2)$를 지나므로

$f(1)=1+a+b=2$에서 $a+b=1$ ······ ㉠

$g(1)=-1+c=2$에서 $c=3$

점 $(1, 2)$에서의 두 곡선의 접선의 기울기가 같으므로

$f'(1)=g'(1)$에서 $2+a=-3$ $\therefore a=-5$

$a=-5$를 ㉠에 대입하면 $-5+b=1$ $\therefore b=6$

따라서 $f(x)=x^2-5x+6,\ g(x)=-x^3+3$이므로

$f(2)+g(2)=(4-10+6)+(-8+3)=-5$ 답 ②

05-1

$f(x)=x^3+ax,\ g(x)=bx^3+c$라 하면

$f'(x)=3x^2+a,\ g'(x)=3bx^2$

두 곡선 $y=f(x),\ y=g(x)$가 점 $(1, 4)$를 지나므로

$f(1)=1+a=4$에서 $a=3$

$g(1)=b+c=4$ ······ ㉠

점 $(1, 4)$에서의 두 곡선의 접선의 기울기가 같으므로

$f'(1)=g'(1)$에서

$3+a=3b,\ 6=3b$ $\therefore b=2$

$b=2$를 ㉠에 대입하면 $2+c=4$ $\therefore c=2$

$\therefore abc=3\times 2\times 2=12$ 답 ④

개념 4 롤의 정리 / 평균값 정리

유형 06

$f(x)=x^3-6x$에서 $f'(x)=3x^2-6$

$f'(c)=0$에서

$3c^2-6=0,\ c^2=2$

그런데 $0<c<\sqrt{6}$이므로 $c=\sqrt{2}$ 답 ③

06-1

$f(x)=3x^4-6x^2+2$에서

$f'(x)=12x^3-12x=12x(x^2-1)$

$f'(c)=0$에서 $12c(c^2-1)=0$이므로

$c=-1$ 또는 $c=0$ 또는 $c=1$

롤의 정리로부터 $-2<c<2$이므로

상수 c의 개수는 3이다.   답 ④

유형 07

$f(x)=x^3+3x^2$에서 $f'(x)=3x^2+6x$

$\dfrac{f(0)-f(-2)}{0-(-2)}=\dfrac{0-4}{2}=-2$이므로

$f'(c)=3c^2+6c=-2$에서 $3c^2+6c+2=0$

$\therefore c=\dfrac{-3\pm\sqrt{3^2-3\times 2}}{3}=\dfrac{-3\pm\sqrt{3}}{3}$

그런데 $-2<c<0$이고, 두 근 모두 -2와 0 사이에 있으므로 모든 상수 c의 값의 합은 -2이다.   답 ⑤

07-1

$f(x)=2x^3-9x^2+12x$에서 $f'(x)=6x^2-18x+12$

$\dfrac{f(3)-f(0)}{3-0}=\dfrac{9-0}{3}=3$이므로

$f'(c)=6c^2-18c+12=3$에서 $2c^2-6c+3=0$

$\therefore c=\dfrac{3\pm\sqrt{3^2-2\times 3}}{2}=\dfrac{3\pm\sqrt{3}}{2}$

평균값 정리로부터 $0<c<3$이고, 두 근 모두 0과 3 사이에 있으므로 모든 상수 c의 값의 곱은 $\dfrac{3}{2}$이다.   답 ⑤

대표 유형 다지기   본문 **28~29**쪽

01 ①	**02** 3	**03** ①	**04** ④	**05** ②
06 ③	**07** ⑤	**08** ①	**09** ①	**10** ②
11 ③	**12** ④	**13** ②	**14** ⑤	**15** ①
16 2				

01

점 $(1, -2)$가 곡선 $y=x^3+ax^2+b$ 위의 점이므로

$1+a+b=-2$ $\therefore a+b=-3$ ······ ㉠

$f(x)=x^3+ax^2+b$라 하면

$f'(x)=3x^2+2ax$

점 $(1, -2)$에서의 접선의 기울기가 5이므로

$f'(1)=2a+3=5$ $\therefore a=1$

㉠에 $a=1$을 대입하면 $b=-4$

$\therefore ab=1\times(-4)=-4$ 답 ①

02

곡선 $y=f(x)$ 위의 점 $(1, f(1))$에서의 접선의 기울기가 -3이므로

$f'(1)=-3$

$$\therefore \lim_{h \to 0} \frac{f(1-h)-f(1)}{h}$$
$$=\lim_{h \to 0} \frac{f(1-h)-f(1)}{-h} \times (-1)$$
$$=-f'(1)$$
$$=-(-3)=3$$

답 3

03

점 $(1, 2)$가 곡선 $y=x^3+ax^2+bx$ 위의 점이므로

$2=1+a+b$

$\therefore a+b=1$ ...... ㉠

$f(x)=x^3+ax^2+bx$라 하면

$f'(x)=3x^2+2ax+b$이므로

$f'(1)=3+2a+b$

따라서 점 $(1, 2)$에서의 접선의 방정식은

$y-2=(3+2a+b)(x-1)$

$\therefore y=(3+2a+b)x-2a-b-1$

이 접선의 y절편이 3이므로

$-2a-b-1=3$

$\therefore 2a+b=-4$ ...... ㉡

㉠, ㉡을 연립하여 풀면 $a=-5$, $b=6$

$\therefore ab=-5 \times 6=-30$

답 ①

04

$f(x)=-x^3+2x+1$이라 하면 $f'(x)=-3x^2+2$이므로

$f'(1)=-3 \times 1+2=-1$

따라서 접선의 방정식은

$y-2=-(x-1)$

$\therefore y=-x+3$

이때, A$(3, 0)$, B$(0, 3)$이므로 삼각형 OAB의 넓이는

$\dfrac{1}{2} \times 3 \times 3=\dfrac{9}{2}$

답 ④

05

$f(x)=x^3-x+1$이라 하면 $f'(x)=3x^2-1$이므로

$f'(1)=3 \times 1-1=2$

따라서 접선의 방정식은

$y-1=2(x-1)$

$\therefore y=2x-1$

직선 $y=2x-1$이 곡선 $y=ax^2+x-2$에 접하므로

$2x-1=ax^2+x-2$에서 $ax^2-x-1=0$ ...... ㉠

이차방정식 ㉠의 판별식을 D라 하면

$D=1+4a=0$

$\therefore a=-\dfrac{1}{4}$

답 ②

06

$f(x)=x^2-6x+8$이라 하면

$f'(x)=2x-6$

접점의 좌표를 (t, t^2-6t+8)이라 하면 이 점에서의 접선의 기울기는 2이므로

$f'(t)=2t-6=2$ $\therefore t=4$

따라서 구하는 접선은 점 $(4, 0)$을 지나고 기울기가 2이므로

$y-0=2(x-4)$

$\therefore y=2x-8$

답 ③

07

$f(x)=x^3-4x-5$라 하면 $f'(x)=3x^2-4$

접점의 좌표를 (t, t^3-4t-5)라 하면 이 점에서의 접선의 기울기가 -1이므로

$f'(t)=3t^2-4=-1$, $t^2=1$

$\therefore t=-1$ 또는 $t=1$

따라서 접점은 $(-1, -2)$ 또는 $(1, -8)$이므로 접선의 방정식은

$y-(-2)=-(x+1)$ 또는 $y-(-8)=-(x-1)$

즉, $y=-x-3$ 또는 $y=-x-7$

이때, $a<b$이므로 $a=-7$, $b=-3$

$\therefore b-a=-3-(-7)=4$

답 ⑤

08

$f(x)=x^3-3x^2+5x-2$라 하면 $f'(x)=3x^2-6x+5$

기울기가 최소인 접선은

$f'(x)=3x^2-6x+5=3(x-1)^2+2$

에서 $x=1$일 때 기울기가 2인 접선이다.

즉, $x=1$일 때 $y=1$이므로 접선의 방정식은

$y-1=2(x-1)$

$\therefore y=2x-1$

따라서 $a=2$, $b=-1$이므로

$a+b=2+(-1)=1$

답 ①

09

$f(x)=x^2$이라 하면 $f'(x)=2x$

접점의 좌표를 (t, t^2)이라 하면 x축의 양의 방향과 이루는 각의 크기가 $45°$인 접선의 기울기는 $\tan 45°=1$이므로

$f'(t)=2t=1$ $\therefore t=\dfrac{1}{2}$

따라서 접선은 점 $\left(\dfrac{1}{2}, \dfrac{1}{4}\right)$을 지나고 기울기가 1이므로

$y-\dfrac{1}{4}=x-\dfrac{1}{2}$

$\therefore y=x-\dfrac{1}{4}$

즉, $x-y-\dfrac{1}{4}=0$이고 이 직선과 원점 사이의 거리는

$\dfrac{\left|-\dfrac{1}{4}\right|}{\sqrt{1+1}}=\dfrac{1}{4\sqrt{2}}=\dfrac{\sqrt{2}}{8}$

답 ①

10

$f(x)=x^2+1$이라 하면 $f'(x)=2x$
접점의 좌표를 (t, t^2+1)이라 하면 이 점에서의 접선의 기울기는
$f'(t)=2t$이므로 접선의 방정식은
$y-(t^2+1)=2t(x-t)$
$\therefore y=2tx-t^2+1$ ...... ㉠
이 직선이 점 $(1, -2)$를 지나므로
$-2=2t-t^2+1$, $t^2-2t-3=0$
$(t+1)(t-3)=0$ $\therefore t=-1$ 또는 $t=3$
그런데 접선의 기울기가 양수이므로 $t=3$
㉠에 $t=3$을 대입하면 $y=6x-8$
따라서 $a=6$, $b=-8$이므로
$a-b=6-(-8)=14$ **답** ②

11

$f(x)=x^3-2x+3$이라 하면 $f'(x)=3x^2-2$
접점의 좌표를 (t, t^3-2t+3)이라 하면 이 점에서의 접선의 기울기는 $f'(t)=3t^2-2$이므로 접선의 방정식은
$y-(t^3-2t+3)=(3t^2-2)(x-t)$
$\therefore y=(3t^2-2)x-2t^3+3$ ...... ㉠
이 직선이 점 $(1, 6)$을 지나므로
$6=3t^2-2-2t^3+3$, $2t^3-3t^2+5=0$
$(t+1)(2t^2-5t+5)=0$
$\therefore t=-1$ $(\because 2t^2-5t+5>0)$
㉠에 $t=-1$을 대입하면 $y=x+5$
따라서 이 접선의 y절편은 5이다. **답** ③

12

$f(x)=x^3-3x^2$이라 하면 $f'(x)=3x^2-6x$
접점의 좌표를 $P(t, t^3-3t^2)$이라 하면 점 P에서의 접선의 기울기는 $f'(t)=3t^2-6t$이므로 접선의 방정식은
$y-(t^3-3t^2)=(3t^2-6t)(x-t)$
$\therefore y=(3t^2-6t)x-2t^3+3t^2$
이 직선이 점 $(0, 1)$을 지나므로
$1=-2t^3+3t^2$, $2t^3-3t^2+1=0$
$(t-1)^2(2t+1)=0$ $\therefore t=-\dfrac{1}{2}$ 또는 $t=1$
이때, 점 P의 x좌표는 양수이므로 $P(1, -2)$이다.
따라서 선분 OP의 길이는
$\sqrt{1^2+(-2)^2}=\sqrt{5}$ **답** ④

13

함수 $f(x)$는 닫힌구간 $[-2, 1]$에서 연속이고 열린구간 $(-2, 1)$에서 미분가능하다.
이때, $f(-2)=f(1)=0$이므로 $f'(c)=0$인 c가 열린구간 $(-2, 1)$에 적어도 하나 존재한다.
$f'(x)=2(x-1)(x+2)+(x-1)^2\times1$
$\quad\quad=(x-1)(2x+4+x-1)$
$\quad\quad=3(x-1)(x+1)$
에서 $f'(c)=3(c-1)(c+1)=0$
$-2<c<1$이므로 $c=-1$ **답** ②

14

ㄱ. 함수 $f(x)=2\left|x-\dfrac{3}{2}\right|$은 닫힌구간 $[0, 3]$에서 연속이지만 $x=\dfrac{3}{2}$에서 미분가능하지 않으므로 롤의 정리가 성립하지 않는다.

ㄴ. 함수 $f(x)=x^3-3x^2+6$은 닫힌구간 $[0, 3]$에서 연속이고 열린구간 $(0, 3)$에서 미분가능하다.
이때, $f(0)=f(3)=6$이므로 $f'(c)=0$인 c가 열린구간 $(0, 3)$에 적어도 하나 존재한다.

ㄷ. 함수 $f(x)=2$는 닫힌구간 $[0, 3]$에서 연속이고 열린구간 $(0, 3)$에서 미분가능하다.
이때, $f(0)=f(3)=2$이므로 $f'(c)=0$인 c가 열린구간 $(0, 3)$에 적어도 하나 존재한다.

ㄹ. 함수 $f(x)=\dfrac{|x+3|}{x+3}$은 $x>-3$일 때 $f(x)=\dfrac{x+3}{x+3}=1$이므로 닫힌구간 $[0, 3]$에서 연속이고 열린구간 $(0, 3)$에서 미분가능하다.
이때, $f(0)=f(3)=1$이므로 $f'(c)=0$인 c가 열린구간 $(0, 3)$에 적어도 하나 존재한다.
따라서 롤의 정리가 성립하는 것은 ㄴ, ㄷ, ㄹ이다. **답** ⑤

15

함수 $f(x)=x^3-6x+4$는 닫힌구간 $[-2, 2]$에서 연속이고, 열린구간 $(-2, 2)$에서 미분가능하므로 평균값 정리에 의하여
$\dfrac{f(2)-f(-2)}{2-(-2)}=f'(c)$
인 c가 열린구간 $(-2, 2)$에서 적어도 하나 존재한다.
이때, $f'(x)=3x^2-6$이므로
$\dfrac{0-8}{4}=3c^2-6$, $c^2=\dfrac{4}{3}$
$\therefore c=-\dfrac{2\sqrt{3}}{3}$ 또는 $c=\dfrac{2\sqrt{3}}{3}$
$-2<c<2$이므로 모든 상수 c의 값의 곱은
$-\dfrac{2\sqrt{3}}{3}\times\dfrac{2\sqrt{3}}{3}=-\dfrac{4}{3}$ **답** ①

16

함수 $y=f(x)$의 그래프에서
$\dfrac{f(b)-f(a)}{b-a}=f'(c)$
를 만족시키는 c의 개수는 두 점 $(a, f(a))$, $(b, f(b))$를 지나는 직선의 기울기와 같은 기울기를 갖는 접선의 접점의 개수와 같으므로 그림에서 c의 개수는 2이다.

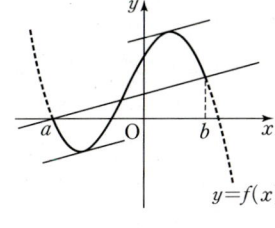

답 2

03 | 도함수의 활용 (2)

Ⅱ 미분

교과서 핵심 개념별 대표 유형 익히기   본문 30~33쪽

개념 ❶ 함수의 증가와 감소

개념 Check

1 (1) $0 \le a < b \le 2$인 임의의 두 실수 a, b에 대하여

$$f(a) - f(b) = (-a^2 + 1) - (-b^2 + 1)$$
$$= -(a^2 - b^2) = -(a-b)(a+b)$$

이때 $a + b > 0$, $a - b < 0$

$\therefore f(a) - f(b) > 0$, 즉 $f(a) > f(b)$

따라서 $f(x)$는 구간 $[0, 2]$에서 감소한다.

(2) $0 < a < b$인 임의의 두 실수 a, b에 대하여

$$f(a) - f(b) = \frac{1}{a} - \frac{1}{b} = \frac{b-a}{ab}$$

이때 $ab > 0$, $b - a > 0$

$\therefore f(a) - f(b) > 0$, 즉 $f(a) > f(b)$

따라서 $f(x)$는 구간 $(0, \infty)$에서 감소한다.

(3) $a < b$인 임의의 두 실수 a, b에 대하여

$$f(a) - f(b) = a^3 - b^3 = (a-b)(a^2 + ab + b^2)$$

이때 $a - b < 0$, $a^2 + ab + b^2 = \left(a + \dfrac{b}{2}\right)^2 + \dfrac{3}{4}b^2 > 0$

$\therefore f(a) - f(b) < 0$, 즉 $f(a) < f(b)$

따라서 $f(x)$는 구간 $(-\infty, \infty)$에서 증가한다.

답 (1) 감소 (2) 감소 (3) 증가

2 (1) $f(x) = x^2 - 2x$에서 $f'(x) = 2x - 2$

$f'(x) = 0$에서 $2x - 2 = 0$, $x = 1$

함수 $f(x)$의 증가와 감소를 표로 나타내면 다음과 같다.

x	$\cdots$	1	$\cdots$
$f'(x)$	$-$	0	$+$
$f(x)$	↘		↗

따라서 함수 $f(x)$는 구간 $(-\infty, 1]$에서 감소하고, 구간 $[1, \infty)$에서 증가한다.

(2) $f(x) = x^3 - 3x^2 - 9x - 2$에서

$f'(x) = 3x^2 - 6x - 9 = 3(x+1)(x-3)$

$f'(x) = 0$에서 $x = -1$ 또는 $x = 3$

함수 $f(x)$의 증가와 감소를 표로 나타내면 다음과 같다.

x	$\cdots$	-1	$\cdots$	3	$\cdots$
$f'(x)$	$+$	0	$-$	0	$+$
$f(x)$	↗		↘		↗

따라서 함수 $f(x)$는 구간 $(-\infty, -1]$, $[3, \infty)$에서 증가하고, 구간 $[-1, 3]$에서 감소한다.

(3) $f(x) = -x^4 + 4x + 2$에서

$f'(x) = -4x^3 + 4 = -4(x-1)(x^2 + x + 1)$

$f'(x) = 0$에서 $x = 1$

함수 $f(x)$의 증가와 감소를 표로 나타내면 다음과 같다.

x	$\cdots$	1	$\cdots$
$f'(x)$	$+$	0	$-$
$f(x)$	↗		↘

따라서 함수 $f(x)$는 구간 $(-\infty, 1]$에서 증가하고, 구간 $[1, \infty)$에서 감소한다.

답 풀이 참조

유형 01

$f(x) = x^3 - 6x^2 + 2$에서

$f'(x) = 3x^2 - 12x$이고 감소하는 구간에서 $f'(x) \le 0$이므로

$3x^2 - 12x \le 0$, $3x(x-4) \le 0$

$\therefore 0 \le x \le 4$

따라서 함수 $f(x)$는 구간 $[0, 4]$에서 감소한다. **답** ②

01-1

$f(x) = -x^3 + 3x + 2$에서

$f'(x) = -3x^2 + 3$이고 증가하는 구간에서 $f'(x) \ge 0$이므로

$-3x^2 + 3 \ge 0$, $3(x-1)(x+1) \le 0$

$\therefore -1 \le x \le 1$

따라서 함수 $f(x)$는 구간 $[-1, 1]$에서 증가한다. **답** ③

유형 02

$f(x) = \dfrac{1}{3}x^3 + ax^2 + x - 1$에서 $f'(x) = x^2 + 2ax + 1$

함수 $f(x)$가 모든 실수 x에 대하여 증가하려면 $f'(x) \ge 0$이어야 하므로 방정식 $f'(x) = 0$의 판별식을 D라 할 때,

$\dfrac{D}{4} = a^2 - 1 \le 0$, $(a-1)(a+1) \le 0$

$\therefore -1 \le a \le 1$

따라서 정수 a는 -1, 0, 1이고 그 개수는 3이다. **답** ③

02-1

$f(x) = -x^3 + x^2 + ax$에서 $f'(x) = -3x^2 + 2x + a$

함수 $f(x)$가 모든 실수 x에 대하여 감소하려면 $f'(x) \le 0$이어야 하므로 방정식 $f'(x) = 0$의 판별식을 D라 할 때,

$\dfrac{D}{4} = 1 + 3a \le 0$ $\therefore a \le -\dfrac{1}{3}$

따라서 정수 a의 최댓값은 -1이다. **답** ②

개념 ❷ 함수의 극대와 극소

개념 Check

1 (1) $f(x) = x^3 - 6x^2 + 9x$에서

$f'(x) = 3x^2 - 12x + 9 = 3(x-1)(x-3)$

$f'(x) = 0$에서 $x = 1$ 또는 $x = 3$

함수 $f(x)$의 증가와 감소를 표로 나타내면 다음과 같다.

x	$\cdots$	1	$\cdots$	3	$\cdots$
$f'(x)$	$+$	0	$-$	0	$+$
$f(x)$	↗	극대	↘	극소	↗

따라서 함수 $f(x)$는

$x=1$일 때 극대이고, 극댓값은 $f(1)=4$,

$x=3$일 때 극소이고, 극솟값은 $f(3)=0$이다.

(2) $f(x)=-x^3+3x$에서

$f'(x)=-3x^2+3=-3(x+1)(x-1)$

$f'(x)=0$에서 $x=-1$ 또는 $x=1$

함수 $f(x)$의 증가와 감소를 표로 나타내면 다음과 같다.

x	$\cdots$	-1	$\cdots$	1	$\cdots$
$f'(x)$	$-$	0	$+$	0	$-$
$f(x)$	↘	극소	↗	극대	↘

따라서 함수 $f(x)$는

$x=-1$일 때 극소이고, 극솟값은 $f(-1)=-2$,

$x=1$일 때 극대이고, 극댓값은 $f(1)=2$이다.

(3) $f(x)=x^4-4x^3+4x^2+1$에서

$f'(x)=4x^3-12x^2+8x=4x(x-1)(x-2)$

$f'(x)=0$에서 $x=0$ 또는 $x=1$ 또는 $x=2$

함수 $f(x)$의 증가와 감소를 표로 나타내면 다음과 같다.

x	$\cdots$	0	$\cdots$	1	$\cdots$	2	$\cdots$
$f'(x)$	$-$	0	$+$	0	$-$	0	$+$
$f(x)$	↘	극소	↗	극대	↘	극소	↗

따라서 함수 $f(x)$는

$x=0$ 또는 $x=2$일 때 극소이고, 극솟값은

$f(0)=f(2)=1$

$x=1$일 때 극대이고, 극댓값은 $f(1)=2$이다.

(4) $f(x)=x^4-6x^2-8x+12$에서

$f'(x)=4x^3-12x-8=4(x+1)^2(x-2)$

$f'(x)=0$에서 $x=-1$ 또는 $x=2$

함수 $f(x)$의 증가와 감소를 표로 나타내면 다음과 같다.

x	$\cdots$	-1	$\cdots$	2	$\cdots$
$f'(x)$	$-$	0	$-$	0	$+$
$f(x)$	↘		↘	극소	↗

따라서 함수 $f(x)$는 극댓값은 없고, $x=2$일 때 극소이고, 극솟값은 $f(2)=-12$이다.

🔲 (1) 극댓값 4, 극솟값 0 (2) 극댓값 2, 극솟값 -2
(3) 극댓값 2, 극솟값 1 (4) 극솟값 -12

유형 **03**

$f(x)=-x^3+6x^2-9x+5$에서

$f'(x)=-3x^2+12x-9=-3(x-1)(x-3)$

$f'(x)=0$에서 $x=1$ 또는 $x=3$

함수 $f(x)$의 증가와 감소를 표로 나타내면 다음과 같다.

x	$\cdots$	1	$\cdots$	3	$\cdots$
$f'(x)$	$-$	0	$+$	0	$-$
$f(x)$	↘	극소	↗	극대	↘

따라서 함수 $f(x)$는 $x=1$일 때 극솟값 $m=1$, $x=3$일 때 극댓값 $M=5$를 갖는다.

$\therefore M+m=5+1=6$

🔲 ③

03-1

$f(x)=x^3+3x^2-4$에서 $f'(x)=3x^2+6x=3x(x+2)$

$f'(x)=0$에서 $x=-2$ 또는 $x=0$

함수 $f(x)$의 증가와 감소를 표로 나타내면 다음과 같다.

x	$\cdots$	-2	$\cdots$	0	$\cdots$
$f'(x)$	$+$	0	$-$	0	$+$
$f(x)$	↗	극대	↘	극소	↗

따라서 함수 $f(x)$는

$x=-2$일 때 극대이고, 극댓값은 $f(-2)=0$,

$x=0$일 때 극소이고, 극솟값은 $f(0)=-4$

이므로 극댓값과 극솟값의 합은

$0+(-4)=-4$

🔲 ②

03-2

$f(x)=x^4+2x^3+x^2$에서

$f'(x)=4x^3+6x^2+2x=2x(x+1)(2x+1)$

$f'(x)=0$에서 $x=-1$ 또는 $x=-\dfrac{1}{2}$ 또는 $x=0$

함수 $f(x)$의 증가와 감소를 표로 나타내면 다음과 같다.

x	$\cdots$	-1	$\cdots$	$-\dfrac{1}{2}$	$\cdots$	0	$\cdots$
$f'(x)$	$-$	0	$+$	0	$-$	0	$+$
$f(x)$	↘	극소	↗	극대	↘	극소	↗

따라서 함수 $f(x)$는 $x=-\dfrac{1}{2}$일 때 극댓값 $\dfrac{1}{16}$을 가지므로

$a=-\dfrac{1}{2}$, $b=\dfrac{1}{16}$

$\therefore ab=-\dfrac{1}{2}\times\dfrac{1}{16}=-\dfrac{1}{32}$

🔲 ②

03-3

$f'(x)=6x^2+22x+a$이고 $x=-2$에서 극댓값을 가지므로

$f'(-2)=0$

$f'(-2)=24-44+a=0$에서 $a=20$

따라서 극댓값은

$b=f(-2)=-16+44-40-4=-16$

$\therefore a+b=20+(-16)=4$

🔲 4

개념 **3** 함수의 그래프

유형 **04**

도함수 $y=f'(x)$의 그래프에서 $f'(x)=0$이 되는 x의 값이 -1, 0이므로 함수 $f(x)$의 증가와 감소를 표로 나타내면 다음과 같다.

x	$\cdots$	-1	$\cdots$	0	$\cdots$
$f'(x)$	$-$	0	$+$	0	$+$
$f(x)$	↘	극소	↗		↗

앞의 표에서, $x=-1$의 좌우에서 $f'(x)$의 부호가 음에서 양으로 바뀌므로 $x=-1$에서 극소이다.

또한 $x=0$의 좌우에서 $f'(x)$의 부호가 바뀌지 않으므로 $x=0$에서 극값을 갖지 않는다.

따라서 함수 $y=f(x)$의 그래프의 개형이 될 수 있는 것은 ②이다.

답 ②

04-1

도함수 $y=f'(x)$의 그래프에서 $f'(x)=0$이 되는 x의 값이 -2, -1, 0, 1이므로 함수 $f(x)$의 증가와 감소를 표로 나타내면 다음과 같다.

x	$\cdots$	-2	$\cdots$	-1	$\cdots$	0	$\cdots$	1	$\cdots$
$f'(x)$	$+$	0	$-$	0	$+$	0	$-$	0	$+$
$f(x)$	↗	극대	↘	극소	↗	극대	↘	극소	↗

위의 표에서 함수 $f(x)$는 $x=-2$, $x=0$에서 극대이고, $x=-1$, $x=1$에서 극소이다.

따라서 함수 $y=f(x)$의 그래프의 개형이 될 수 있는 것은 ⑤이다.

답 ⑤

04-2

ㄱ. (참) $x=0$의 좌우에서 $f'(x)$의 부호가 음에서 양으로 바뀌므로 함수 $f(x)$는 $x=0$에서 극솟값을 갖는다.

ㄴ. (참) $x=4$의 좌우에서 $f'(x)$의 부호가 양에서 음으로 바뀌므로 함수 $f(x)$는 $x=4$에서 극댓값을 갖는다.

ㄷ. (거짓) 극값을 갖는 점은 $x=0$, $x=4$의 2개이다.

따라서 옳은 것은 ㄱ, ㄴ이다.

답 ③

 **④ 함수의 최대와 최소**

개념 Check

1 (1) $f(x)=x^3-12x$에서
$f'(x)=3x^2-12=3(x+2)(x-2)$
$f'(x)=0$에서 $x=-2$ 또는 $x=2$
구간 $[-3, 3]$에서 함수 $f(x)$의 증가와 감소를 표로 나타내면 다음과 같다.

x	-3	$\cdots$	-2	$\cdots$	2	$\cdots$	3
$f'(x)$	$(+)$	$+$	0	$-$	0	$+$	$(+)$
$f(x)$	9	↗	16	↘	-16	↗	-9

따라서 함수 $f(x)$는
$x=-2$일 때 최댓값 16, $x=2$일 때 최솟값 -16을 갖는다.

(2) $f(x)=-x^3+3x^2-20$에서
$f'(x)=-3x^2+6x=-3x(x-2)$
$f'(x)=0$에서 $x=0$ 또는 $x=2$
구간 $[-2, 1]$에서 함수 $f(x)$의 증가와 감소를 표로 나타내면 다음과 같다.

x	-2	$\cdots$	0	$\cdots$	1
$f'(x)$	$(-)$	$-$	0	$+$	$(+)$
$f(x)$	0	↘	-20	↗	-18

따라서 함수 $f(x)$는
$x=-2$일 때 최댓값 0, $x=0$일 때 최솟값 -20을 갖는다.

(3) $f(x)=x^4-4x^3$에서
$f'(x)=4x^3-12x^2=4x^2(x-3)$
$f'(x)=0$에서 $x=0$ 또는 $x=3$
구간 $[-1, 4]$에서 함수 $f(x)$의 증가와 감소를 표로 나타내면 다음과 같다.

x	-1	$\cdots$	0	$\cdots$	3	$\cdots$	4
$f'(x)$	$(-)$	$-$	0	$-$	0	$+$	$(+)$
$f(x)$	5	↘	0	↘	-27	↗	0

따라서 함수 $f(x)$는
$x=-1$일 때 최댓값 5, $x=3$일 때 최솟값 -27을 갖는다.

(4) $f(x)=3x^4+8x^3+1$에서
$f'(x)=12x^3+24x^2=12x^2(x+2)$
$f'(x)=0$에서 $x=-2$ 또는 $x=0$
구간 $[-1, 1]$에서 함수 $f(x)$의 증가와 감소를 표로 나타내면 다음과 같다.

x	-1	$\cdots$	0	$\cdots$	1
$f'(x)$	$(+)$	$+$	0	$+$	$(+)$
$f(x)$	-4	↗	1	↗	12

따라서 함수 $f(x)$는
$x=1$일 때 최댓값 12, $x=-1$일 때 최솟값 -4를 갖는다.

답 (1) 최댓값 16, 최솟값 -16 (2) 최댓값 0, 최솟값 -20
(3) 최댓값 5, 최솟값 -27 (4) 최댓값 12, 최솟값 -4

유형 05

$f(x)=x^3-3x$에서 $f'(x)=3x^2-3=3(x+1)(x-1)$
$f'(x)=0$에서 $x=-1$ 또는 $x=1$
닫힌구간 $[0, 3]$에서 함수 $f(x)$의 증가와 감소를 표로 나타내면 다음과 같다.

x	0	$\cdots$	1	$\cdots$	3
$f'(x)$	$(-)$	$-$	0	$+$	$(+)$
$f(x)$	0	↘	-2	↗	18

따라서 함수 $f(x)$는 $x=3$일 때 최댓값 18, $x=1$일 때 최솟값 -2를 가지므로 최댓값과 최솟값의 합은
$18+(-2)=16$

답 ④

05-1

$f(x)=-x^4+2x^2+3$에서
$f'(x)=-4x^3+4x=-4x(x+1)(x-1)$
$f'(x)=0$에서 $x=-1$ 또는 $x=0$ 또는 $x=1$
구간 $[-1, 2]$에서 함수 $f(x)$의 증가와 감소를 표로 나타내면 다음과 같다.

x	-1	$\cdots$	0	$\cdots$	1	$\cdots$	2
$f'(x)$	(0)	$-$	0	$+$	0	$-$	$(-)$
$f(x)$	4	↘	3	↗	4	↘	-5

따라서 함수 $f(x)$는 $x=-1$ 또는 $x=1$일 때 최댓값 $M=4$를 갖고, $x=2$일 때 최솟값 $m=-5$를 갖는다.

$\therefore M+m=4+(-5)=-1$　　　　　답 ②

유형 06

$f(x)=x^3+3x^2+k$에서 $f'(x)=3x^2+6x=3x(x+2)$
$f'(x)=0$에서 $x=0$ 또는 $x=-2$
닫힌구간 $[-2, 2]$에서 함수 $f(x)$의 증가와 감소를 표로 나타내면 다음과 같다.

x	-2	$\cdots$	0	$\cdots$	2
$f'(x)$	(0)	$-$	0	$+$	$(+)$
$f(x)$	$4+k$	$\searrow$	극소	$\nearrow$	$20+k$

극솟값은 $f(0)=k$이고, $f(-2)=4+k$, $f(2)=20+k$이므로 최댓값은 $20+k$이다.
즉, $20+k=15$이므로 $k=-5$　　　　　답 ①

06-1

$f(x)=x^3+6x^2-15x+k$에서
$f'(x)=3x^2+12x-15=3(x+5)(x-1)$
$f'(x)=0$에서 $x=-5$ 또는 $x=1$
구간 $[-1, 2]$에서 함수 $f(x)$의 증가와 감소를 표로 나타내면 다음과 같다.

x	-1	$\cdots$	1	$\cdots$	2
$f'(x)$	$(-)$	$-$	0	$+$	$(+)$
$f(x)$	$20+k$	$\searrow$	극소	$\nearrow$	$2+k$

극솟값은 $f(1)=-8+k$이므로 $f(x)$는 $x=1$에서 최소이다.
즉, $k-8=-2$이므로 $k=6$
한편, $f(-1)=20+k$, $f(2)=2+k$
따라서 $f(x)$의 최댓값은 $20+k=26$이다.　　　답 ③

대표 유형 다지기　　　　　본문 **34~35**쪽

01 ④	02 ③	03 ③	04 ①	05 ②
06 9	07 ④	08 ④	09 2	10 3
11 ③	12 1	13 ①	14 ⑤	15 ②
16 ③				

01

$f(x)=x^3-3x^2-9x+2$에서
$f'(x)=3x^2-6x-9$이고 $f(x)$가 감소하기 위해서는
$f'(x)\leq0$이어야 한다.
즉, $3x^2-6x-9\leq0$에서 $3(x+1)(x-3)\leq0$
$\therefore -1\leq x\leq3$
따라서 닫힌구간 $[-1, a]$에서 감소한다고 할 때, a의 최댓값은 3이다.　　　　　답 ④

02

$f(x)=-x^3+ax^2+bx+3$이 증가하면 그 구간에서
$f'(x)=-3x^2+2ax+b\geq0$　　　　　$\cdots\cdots$ ㉠
이고, 해가 $-1\leq x\leq3$인 이차부등식은
$(x+1)(x-3)\leq0$에서 $x^2-2x-3\leq0$　　$\cdots\cdots$ ㉡
㉠에서 $3x^2-2ax-b\leq0$　　　　　$\cdots\cdots$ ㉢
이때, ㉡, ㉢의 해가 일치해야 하므로
$\dfrac{1}{3}=\dfrac{2}{2a}=\dfrac{3}{b}$
$\dfrac{1}{3}=\dfrac{2}{2a}$에서 $a=3$
$\dfrac{1}{3}=\dfrac{3}{b}$에서 $b=9$
$\therefore a+b=3+9=12$　　　　　답 ③

03

$f(x)=x^3-ax^2+3ax$에서
$f'(x)=3x^2-2ax+3a$
함수 $f(x)$가 모든 실수 x에 대하여 증가하려면 $f'(x)\geq0$이어야 하므로 방정식 $f'(x)=0$의 판별식을 D라 할 때,
$\dfrac{D}{4}=a^2-9a\leq0$, $a(a-9)\leq0$
$\therefore 0\leq a\leq9$
따라서 정수 a는 0, 1, 2, $\cdots$, 9이고 그 개수는 10이다.　답 ③

04

$f'(x)=3x^2-2x+p$이므로 $x\geq2$에서
$f'(x)\geq0$이 되기 위해서는 그림과 같이
$f'(2)\geq0$이어야 한다.
즉, $12-4+p\geq0$에서
$p\geq-8$
따라서 p의 최솟값은 -8이다.　　　　　답 ①

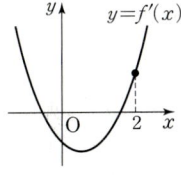

05

$f(x)=x^3-x^2-x+3$에서
$f'(x)=3x^2-2x-1=(3x+1)(x-1)$
$f'(x)=0$에서 $x=-\dfrac{1}{3}$ 또는 $x=1$
함수 $f(x)$의 증가와 감소를 표로 나타내면 다음과 같다.

x	$\cdots$	$-\dfrac{1}{3}$	$\cdots$	1	$\cdots$
$f'(x)$	$+$	0	$-$	0	$+$
$f(x)$	$\nearrow$	극대	$\searrow$	극소	$\nearrow$

따라서 함수 $f(x)$는 $x=1$에서 극솟값 2를 가지므로
$a=1$, $b=2$
$\therefore a+b=1+2=3$　　　　　답 ②

06

$f(x)=x^3+ax^2+bx$에서
$f'(x)=3x^2+2ax+b$　　　　　$\cdots\cdots$ ㉠

$x=-1$에서 극댓값을 갖고, $x=2$에서 극솟값을 가지므로
$$f'(x)=3(x+1)(x-2)=3x^2-3x-6 \qquad \cdots\cdots \text{ⓛ}$$
이때, ⓐ, ⓛ이 같아야 하므로
$2a=-3$에서 $a=-\dfrac{3}{2}$이고 $b=-6$

$$\therefore ab=-\frac{3}{2}\times(-6)=9$$
답 9

07

$f(x)=-x^3+3x+2$에서
$f'(x)=-3x^2+3=-3(x+1)(x-1)$
$f'(x)=0$에서 $x=-1$ 또는 $x=1$
함수 $f(x)$의 증가와 감소를 표로 나타내면 다음과 같다.

x	$\cdots$	-1	$\cdots$	1	$\cdots$
$f'(x)$	$-$	0	$+$	0	$-$
$f(x)$	↘	극소	↗	극대	↘

ㄱ. (참) 함수 $f(x)$는 닫힌구간 $[-1, 1]$에서 증가한다.
ㄴ. (거짓) 함수 $f(x)$는 $x=-1$에서 $f'(x)$의 부호가 음에서 양으로 바뀌므로 극솟값을 갖는다.
ㄷ. (참) 함수 $f(x)$의 극솟값은 $f(-1)=0$이다.
따라서 옳은 것은 ㄱ, ㄷ이다.
답 ④

08

$f(x)=x^3-ax^2+3x-5$에서
$f'(x)=3x^2-2ax+3$이므로 함수 $f(x)$가 극값을 갖지 않기 위해서는 방정식 $f'(x)=0$이 중근 또는 허근을 가져야 한다.
따라서 $3x^2-2ax+3=0$의 판별식을 D라 하면
$$\frac{D}{4}=a^2-9\le0 \qquad \therefore -3\le a\le 3$$
따라서 정수 a는 $-3, -2, -1, 0, 1, 2, 3$이고 그 개수는 7이다.
답 ④

09

$f(x)=x^3-ax^2+(a^2-2a)x+1$에서
$f'(x)=3x^2-2ax+a^2-2a$
함수 $f(x)$가 극값을 가지려면 방정식 $f'(x)=0$이 서로 다른 두 실근을 가져야 하므로 방정식 $f'(x)=0$의 판별식을 D라 할 때,
$$\frac{D}{4}=a^2-3(a^2-2a)>0$$
$-2a^2+6a>0$, $a(a-3)<0$
$$\therefore 0<a<3$$
따라서 정수 a는 1, 2이고 그 개수는 2이다.
답 2

10

주어진 그래프에서 $f'(x)$의 부호가 양에서 음으로 바뀌는 점의 x좌표는 0, 3이므로 함수 $f(x)$는 $x=0$, $x=3$에서 극댓값을 갖는다.
따라서 함수 $f(x)$가 극댓값을 갖는 x의 값의 합은
$0+3=3$
답 3

11

도함수 $y=f'(x)$의 그래프에서 $f'(x)=0$이 되는 x의 값이 0, 2, 4이므로 함수 $f(x)$의 증가와 감소를 표로 나타내면 다음과 같다.

x	$\cdots$	0	$\cdots$	2	$\cdots$	4	$\cdots$
$f'(x)$	$-$	0	$+$	0	$-$	0	$+$
$f(x)$	↘	극소	↗	극대	↘	극소	↗

ㄱ. (거짓) 함수 $f(x)$는 구간 $[0, 2]$, $[4, \infty)$에서 증가하고, 구간 $(-\infty, 0]$, $[2, 4]$에서 감소한다.
ㄴ. (거짓) 함수 $f(x)$는 구간 $[2, 4]$에서 감소한다.
ㄷ. (참) 함수 $f(x)$는 $x=2$에서 극댓값을 갖는다.
따라서 옳은 것은 ㄷ뿐이다.
답 ③

12

$f(x)=x^4-2x^2-3$에서
$f'(x)=4x^3-4x=4x(x-1)(x+1)$
$f'(x)=0$에서 $x=-1$ 또는 $x=0$ 또는 $x=1$
구간 $[-2, 1]$에서 함수 $f(x)$의 증가와 감소를 표로 나타내면 다음과 같다.

x	-2	$\cdots$	-1	$\cdots$	0	$\cdots$	1
$f'(x)$	$(-)$	$-$	0	$+$	0	$-$	(0)
$f(x)$	5	↘	-4	↗	-3	↘	-4

따라서 함수 $f(x)$는 $x=-2$일 때 최댓값 $M=5$를 갖고, $x=-1$ 또는 $x=1$일 때 최솟값 $m=-4$를 갖는다.
$$\therefore M+m=5+(-4)=1$$
답 1

13

$f(x)=x^4+4a^3x-2$에서
$f'(x)=4x^3+4a^3=4(x+a)(x^2-ax+a^2)$
$f'(x)=0$에서 $x=-a$ ($\because x^2-ax+a^2>0$)
함수 $f(x)$의 증가와 감소를 표로 나타내면 다음과 같다.

x	$\cdots$	$-a$	$\cdots$
$f'(x)$	$-$	0	$+$
$f(x)$	↘	극소	↗

따라서 함수 $f(x)$는 $x=-a$에서 극소이며 최소이므로 최솟값은 $f(-a)=-5$이다.
즉, $f(-a)=a^4-4a^4-2=-5$, $-3a^4=-3$
$a^4=1$ $\quad\therefore a=1$ ($\because a>0$)
답 ①

14

$f(x)=3x^4-4x^3+6x^2-12x+2a$에서
$f'(x)=12x^3-12x^2+12x-12=12(x-1)(x^2+1)$
$f'(x)=0$에서 $x=1$ ($\because x^2+1>0$)
함수 $f(x)$의 증가와 감소를 표로 나타내면 다음과 같다.

x	$\cdots$	1	$\cdots$
$f'(x)$	$-$	0	$+$
$f(x)$	↘	극소	↗

따라서 함수 $f(x)$는 $x=1$에서 극소이면서 최소이므로 최솟값은 $f(1)=-7+2a$이다.

즉, $-7+2a=-3$에서 $a=2$ **답** ⑤

15

$f(x)=2x^3-6x^2+p$에서

$f'(x)=6x^2-12x=6x(x-2)$

$f'(x)=0$에서 $x=0$ 또는 $x=2$

구간 $[1, 4]$에서 함수 $f(x)$의 증가와 감소를 표로 나타내면 다음과 같다.

x	1	$\cdots$	2	$\cdots$	4
$f'(x)$	$(-)$	$-$	0	$+$	$(+)$
$f(x)$	$-4+p$	↘	극소	↗	$32+p$

극솟값은 $f(2)=-8+p$이므로 함수 $f(x)$의 최댓값은 $M=32+p$이고 최솟값은 $m=-8+p$이다.

이때, $M+m=24+2p=10$이므로 $p=-7$ **답** ②

16

상자의 부피를 $V(x)$라 하면

$V(x)=x(16-2x)(6-2x)=4x^3-44x^2+96x$

$V'(x)=12x^2-88x+96=4(3x-4)(x-6)$

$V'(x)=0$에서 $x=\dfrac{4}{3}$ ($\because 0<x<3$)

$V(x)$의 증가와 감소를 표로 나타내면 다음과 같다.

x	(0)	$\cdots$	$\dfrac{4}{3}$	$\cdots$	(3)
$V'(x)$		$+$	0	$-$	
$V(x)$		↗	극대	↘	

따라서 $V(x)$는 $x=\dfrac{4}{3}$일 때 극대이면서 최대이므로 상자의 부피가 최대가 되도록 하는 x의 값은 $\dfrac{4}{3}$이다. **답** ③

---

04 | 도함수의 활용 (3)

교과서 핵심 개념별 **대표 유형 익히기**   본문 **36~38쪽**

개념 ① 방정식에의 활용

유형 ①

(1) $f(x)=x^3+6x^2-6$이라 하면

$f'(x)=3x^2+12x=3x(x+4)$

$f'(x)=0$에서 $x=-4$ 또는 $x=0$

x	$\cdots$	-4	$\cdots$	0	$\cdots$
$f'(x)$	$+$	0	$-$	0	$+$
$f(x)$	↗	26	↘	-6	↗

따라서 함수 $y=f(x)$의 그래프는 다음 그림과 같으므로 서로 다른 실근의 개수는 3이다.

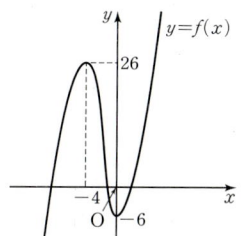

(2) $f(x)=x^3+4x^2+6x-1$이라 하면

$f'(x)=3x^2+8x+6$

이때 $f'(x)=3x^2+8x+6=3\left(x+\dfrac{4}{3}\right)^2+\dfrac{2}{3}>0$

함수 $y=f(x)$는 모든 실수 x에 대하여 증가하므로 함수 $y=f(x)$의 그래프는 다음 그림과 같다.

따라서 서로 다른 실근의 개수는 1이다.

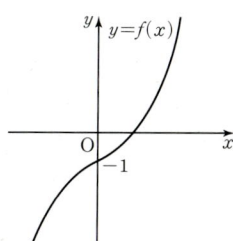

(3) $f(x)=3x^4-8x^3-6x^2+24x+1$이라 하면

$f'(x)=12x^3-24x^2-12x+24$

$\quad\quad=12(x+1)(x-1)(x-2)$

$f'(x)=0$에서

$x=-1$ 또는 $x=1$ 또는 $x=2$

x	$\cdots$	-1	$\cdots$	1	$\cdots$	2	
$f'(x)$	$-$	0	$+$	0	$-$	0	$+$
$f(x)$	↘	-18	↗	14	↘	9	↗

따라서 함수 $y=f(x)$의 그래프는 다음 그림과 같으므로 서로 다른 실근의 개수는 2이다.

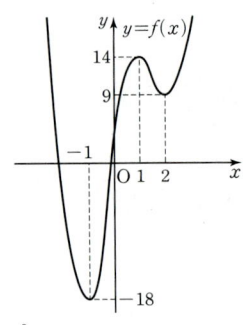

(4) $4x^3-1=3x$에서 $4x^3-3x-1=0$

$f(x)=4x^3-3x-1$이라 하면

$$f'(x)=12x^2-3=12\left(x+\frac{1}{2}\right)\left(x-\frac{1}{2}\right)$$

$f'(x)=0$에서 $x=-\dfrac{1}{2}$ 또는 $x=\dfrac{1}{2}$

x	$\cdots$	$-\dfrac{1}{2}$	$\cdots$	$\dfrac{1}{2}$	$\cdots$
$f'(x)$	$+$	0	$-$	0	$+$
$f(x)$	$\nearrow$	0	$\searrow$	-2	$\nearrow$

따라서 함수 $y=f(x)$의 그래프는 다음 그림과 같으므로 서로 다른 실근의 개수는 2이다.

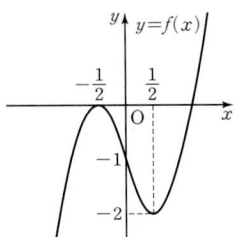

답 (1) 3 (2) 1 (3) 2 (4) 2

01-1

(1) $f(x)=2x^3-3x^2-12x-6$이라 하면

$f'(x)=6x^2-6x-12=6(x+1)(x-2)$

$f'(x)=0$에서 $x=-1$ 또는 $x=2$

x	$\cdots$	-1	$\cdots$	2	$\cdots$
$f'(x)$	$+$	0	$-$	0	$+$
$f(x)$	$\nearrow$	1	$\searrow$	-26	$\nearrow$

따라서 함수 $y=f(x)$의 그래프는 오른쪽 그림과 같으므로 서로 다른 실근의 개수는 3이다.

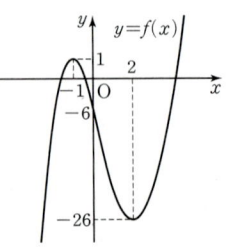

(2) $f(x)=x^3-3x+3$이라 하면

$f'(x)=3x^2-3=3(x+1)(x-1)$

$f'(x)=0$에서 $x=-1$ 또는 $x=1$

x	$\cdots$	-1	$\cdots$	1	$\cdots$
$f'(x)$	$+$	0	$-$	0	$+$
$f(x)$	$\nearrow$	5	$\searrow$	1	$\nearrow$

따라서 함수 $y=f(x)$의 그래프는 오른쪽 그림과 같으므로 서로 다른 실근의 개수는 1이다.

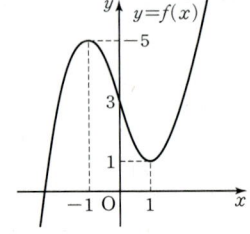

(3) $f(x)=2x^4-4x^2+1$이라 하면

$f'(x)=8x^3-8x=8x(x+1)(x-1)$

$f'(x)=0$에서 $x=-1$ 또는 $x=0$ 또는 $x=1$

x	$\cdots$	-1	$\cdots$	0	$\cdots$	1	$\cdots$
$f'(x)$	$-$	0	$+$	0	$-$	0	$+$
$f(x)$	$\searrow$	-1	$\nearrow$	1	$\searrow$	-1	$\nearrow$

따라서 함수 $y=f(x)$의 그래프는 오른쪽 그림과 같으므로 서로 다른 실근의 개수는 4이다.

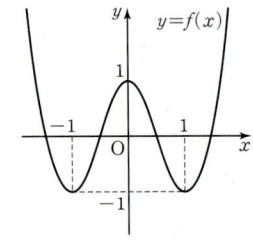

(4) $x^3+2=3x+4$에서 $x^3-3x-2=0$

$f(x)=x^3-3x-2$라 하면

$f'(x)=3x^2-3=3(x+1)(x-1)$

$f'(x)=0$에서 $x=-1$ 또는 $x=1$

x	$\cdots$	-1	$\cdots$	1	$\cdots$
$f'(x)$	$+$	0	$-$	0	$+$
$f(x)$	$\nearrow$	0	$\searrow$	-4	$\nearrow$

따라서 함수 $y=f(x)$의 그래프는 오른쪽 그림과 같으므로 서로 다른 실근의 개수는 2이다.

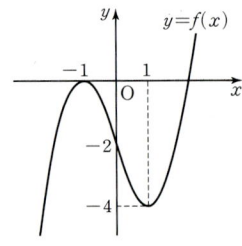

답 (1) 3 (2) 1 (3) 4 (4) 2

유형 02

$f(x)=x^3-3x+1-a$라 하면

$f'(x)=3x^2-3=3(x+1)(x-1)$

$f'(x)=0$에서 $x=-1$ 또는 $x=1$

함수 $f(x)$의 증가와 감소를 표로 나타내면 다음과 같다.

x	$\cdots$	-1	$\cdots$	1	$\cdots$
$f'(x)$	$+$	0	$-$	0	$+$
$f(x)$	$\nearrow$	극대	$\searrow$	극소	$\nearrow$

이때, 삼차방정식 $f(x)=0$이 서로 다른 세 실근을 가지려면 함수 $f(x)$의 (극댓값)×(극솟값)<0이어야 하므로
$f(-1)f(1)<0$, 즉 $(3-a)(-1-a)<0$에서
$-1<a<3$
따라서 정수 a는 0, 1, 2이고 그 개수는 3이다. 답 ③

02-1

$f(x)=x^3-3x^2-a$라 하면
$f'(x)=3x^2-6x=3x(x-2)$
$f'(x)=0$에서 $x=0$ 또는 $x=2$
함수 $f(x)$의 증가와 감소를 표로 나타내면 다음과 같다.

x	$\cdots$	0	$\cdots$	2	$\cdots$
$f'(x)$	+	0	−	0	+
$f(x)$	↗	극대	↘	극소	↗

이때, 삼차방정식 $f(x)=0$이 서로 다른 세 실근을 가지려면 함수 $f(x)$의 (극댓값)×(극솟값)<0이어야 하므로
$f(0)f(2)<0$, 즉 $-a(-4-a)<0$에서
$-4<a<0$
따라서 정수 a는 -3, -2, -1이므로 모든 정수 a의 값의 합은
$(-3)+(-2)+(-1)=-6$ 답 ①

개념 ② 부등식에의 활용

유형 ③

$f(x)=x^3-3x^2-a$라 하면
$f'(x)=3x^2-6x=3x(x-2)$
$f'(x)=0$에서 $x=0$ 또는 $x=2$
$x\geq0$일 때, 함수 $f(x)$의 증가와 감소를 표로 나타내면 다음과 같다.

x	0	$\cdots$	2	$\cdots$
$f'(x)$	(0)	−	0	+
$f(x)$	$-a$	↘	$-4-a$	↗

$x\geq0$일 때 함수 $f(x)$는 $x=2$에서 극소이면서 최소이므로 최솟값은 $-4-a$이다.
$x\geq0$일 때 부등식 $f(x)\geq0$이 성립하려면 $f(2)\geq0$이어야 하므로
$-4-a\geq0$ $\therefore a\leq-4$
따라서 실수 a의 최댓값은 -4이다. 답 ①

03-1

$f(x)=x^3-3x+a$라 하면
$f'(x)=3x^2-3=3(x+1)(x-1)$
$f'(x)=0$에서 $x=-1$ 또는 $x=1$
$x>0$일 때, 함수 $f(x)$의 증가와 감소를 표로 나타내면 다음과 같다.

x	(0)	$\cdots$	1	$\cdots$
$f'(x)$		−	0	+
$f(x)$		↘	$-2+a$	↗

$x>0$일 때 함수 $f(x)$는 $x=1$에서 극소이면서 최소이므로 최솟값은 $-2+a$이다.
$x>0$일 때 부등식 $f(x)\geq0$이 성립하려면 $f(1)\geq0$이어야 하므로
$-2+a\geq0$ $\therefore a\geq2$
따라서 실수 a의 최솟값은 2이다. 답 ⑤

유형 ④

$f(x)=x^4-2x^2+a$라 하면
$f'(x)=4x^3-4x=4x(x-1)(x+1)$
$f'(x)=0$에서 $x=-1$ 또는 $x=0$ 또는 $x=1$
함수 $f(x)$의 증가와 감소를 표로 나타내면 다음과 같다.

x	$\cdots$	-1	$\cdots$	0	$\cdots$	1	$\cdots$
$f'(x)$	−	0	+	0	−	0	+
$f(x)$	↘	$-1+a$	↗	a	↘	$-1+a$	↗

함수 $f(x)$의 최솟값은 $-1+a$이고, 모든 실수 x에 대하여 부등식 $f(x)\geq0$이 성립하려면 (최솟값)≥0이어야 하므로
$-1+a\geq0$ $\therefore a\geq1$
따라서 실수 a의 최솟값은 1이다. 답 ③

04-1

$f(x)=x^4-4x^3+a$라 하면
$f'(x)=4x^3-12x^2=4x^2(x-3)$
$f'(x)=0$에서 $x=0$ 또는 $x=3$
함수 $f(x)$의 증가와 감소를 표로 나타내면 다음과 같다.

x	$\cdots$	0	$\cdots$	3	$\cdots$
$f'(x)$	−	0	−	0	+
$f(x)$	↘	a	↘	$-27+a$	↗

함수 $f(x)$는 $x=3$에서 극소이면서 최소이므로 최솟값은 $-27+a$이다.
모든 실수 x에 대하여 $f(x)\geq0$이려면 $f(3)\geq0$이어야 하므로
$-27+a\geq0$ $\therefore a\geq27$
따라서 실수 a의 최솟값은 27이다. 답 ④

개념 ③ 속도와 가속도

유형 ⑤

$x=t^3-t^2+3t$에서 점 P의 속도를 v라 하면
$v=\dfrac{dx}{dt}=3t^2-2t+3$
$3t^2-2t+3=4$에서 $(3t+1)(t-1)=0$
$\therefore t=1$ ($\because t>0$)
점 P의 가속도를 a라 하면
$a=\dfrac{dv}{dt}=6t-2$

따라서 $t=1$일 때의 점 P의 가속도는
$6-2=4$ 답 ④

05-1

$x=t^3-6t^2+9t$에서

점 P의 속도를 v라 하면 $v=\dfrac{dx}{dt}=3t^2-12t+9$

점 P의 가속도를 a라 하면 $a=\dfrac{dv}{dt}=6t-12$

점 P의 운동 방향이 바뀌는 순간은 속도가 0일 때이므로
$3t^2-12t+9=0$, $3(t-1)(t-3)=0$
$\therefore$ $t=1$ 또는 $t=3$
따라서 점 P의 운동 방향이 처음으로 바뀌는 시각은 $t=1$일 때이므로 $t=1$에서의 점 P의 가속도는
$6-12=-6$ 답 ①

유형 06

운동 방향이 바뀌는 순간은 속도가 0일 때이므로 점 P는 운동 방향을 $t=3$, $t=5$일 때 바꾼다. 즉, 점 P는 수직선 위를 움직이는 동안 운동 방향을 $\boxed{2}$번 바꾼다.
또한 가속도 $a=v'(t)$이고, $4<t<6$일 때 $v(t)$의 기울기가 2이므로 점 P의 가속도는 $\boxed{2}$로 일정하다.
따라서 $\alpha=2$, $\beta=2$이므로
$a+\beta=2+2=4$ 답 4

06-1

점 P가 음의 방향으로 이동할 때는 $v(t)<0$일 때이므로 그래프에서 $3<t<5$이다.
따라서 $a=3$, $b=5$이므로
$a+b=3+5=8$ 답 8

대표 유형 다지기   본문 39~40쪽

01 ②	02 4	03 ③	04 2	05 ④
06 ②	07 ①	08 ⑤	09 ④	10 ①
11 ②	12 ⑤	13 83	14 ④	15 15

01

방정식 $x^3-3x^2+2-k=0$, 즉 $x^3-3x^2+2=k$의 실근의 개수는 함수 $y=x^3-3x^2+2$의 그래프와 직선 $y=k$의 교점의 개수와 같으므로 $f(x)=x^3-3x^2+2$라 하면
$f'(x)=3x^2-6x=3x(x-2)$
$f'(x)=0$에서 $x=0$ 또는 $x=2$
함수 $f(x)$의 증가와 감소를 표로 나타내면 다음과 같다.

x	$\cdots$	0	$\cdots$	2	$\cdots$
$f'(x)$	+	0	−	0	+
$f(x)$	↗	2	↘	−2	↗

따라서 방정식 $f(x)=k$가 서로 다른 세 실근을 가지려면 $-2<k<2$이므로 정수 k는 -1, 0, 1이고 그 개수는 3이다.   답 ②

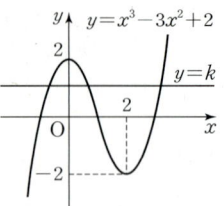

02

방정식 $x^3-6x^2+9x-a=0$, 즉 $x^3-6x^2+9x=a$의 실근의 개수는 함수 $y=x^3-6x^2+9x$의 그래프와 직선 $y=a$의 교점의 개수와 같으므로 $f(x)=x^3-6x^2+9x$라 하면
$f'(x)=3x^2-12x+9=3(x-1)(x-3)$
$f'(x)=0$에서 $x=1$ 또는 $x=3$
함수 $f(x)$의 증가와 감소를 표로 나타내면 다음과 같다.

x	$\cdots$	1	$\cdots$	3	$\cdots$
$f'(x)$	+	0	−	0	+
$f(x)$	↗	4	↘	0	↗

따라서 방정식 $f(x)=a$가 서로 다른 두 실근을 갖도록 하는 실수 a의 값은 0, 4이므로 모든 실수 a의 값의 합은
$0+4=4$ 답 4

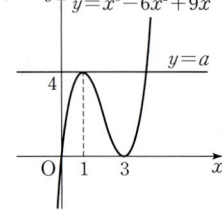

03

곡선 $y=x^3-2x$와 직선 $y=x+a$가 서로 다른 세 점에서 만나려면 방정식 $x^3-2x=x+a$, 즉 $x^3-3x=a$가 서로 다른 세 실근을 가져야 한다.
방정식 $x^3-3x=a$의 실근의 개수는 함수 $y=x^3-3x$의 그래프와 직선 $y=a$의 교점의 개수와 같으므로
$f(x)=x^3-3x$라 하면
$f'(x)=3x^2-3=3(x+1)(x-1)$
$f'(x)=0$에서 $x=-1$ 또는 $x=1$
함수 $f(x)$의 증가와 감소를 표로 나타내면 다음과 같다.

x	$\cdots$	−1	$\cdots$	1	$\cdots$
$f'(x)$	+	0	−	0	+
$f(x)$	↗	2	↘	−2	↗

이때, 방정식 $f(x)=a$가 서로 다른 세 실근을 가지려면
$-2<a<2$
따라서 정수 a는 -1, 0, 1이고 그 개수는 3이다.   답 ③

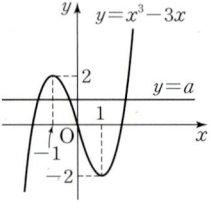

04

방정식 $x^4-4x^3-8x^2-k=0$, 즉 $x^4-4x^3-8x^2=k$의 실근의 개수는 함수 $y=x^4-4x^3-8x^2$의 그래프와 직선 $y=k$의 교점의 개수와 같으므로 $f(x)=x^4-4x^3-8x^2$이라 하면
$f'(x)=4x^3-12x^2-16x=4x(x+1)(x-4)$

$f'(x)=0$에서 $x=-1$ 또는 $x=0$ 또는 $x=4$
함수 $f(x)$의 증가와 감소를 표로 나타내면 다음과 같다.

x	$\cdots$	-1	$\cdots$	0	$\cdots$	4	$\cdots$
$f'(x)$	$-$	0	$+$	0	$-$	0	$+$
$f(x)$	$\searrow$	-3	$\nearrow$	0	$\searrow$	-128	$\nearrow$

이때, 방정식 $f(x)=k$가 서로 다른 네
실근을 가지려면
$-3<k<0$
따라서 정수 k는 -2, -1이고 그 개수
는 2이다.　　　　　　　　　　답 2

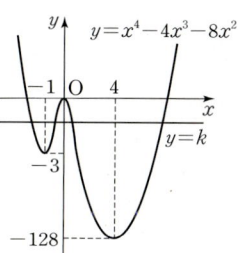

$x\geq0$일 때, 함수 $f(x)$의 증가와 감소를 표로 나타내면 다음과 같다.

x	0	$\cdots$	k	$\cdots$
$f'(x)$	(0)	$-$	0	$+$
$f(x)$	1	$\searrow$	$-k^3+1$	$\nearrow$

$x\geq0$일 때 함수 $f(x)$는 $x=k$에서 극소이면서 최소이므로 최솟값
은 $-k^3+1$이다.
$x\geq0$일 때 부등식 $f(x)\geq0$이 성립하려면 $f(k)\geq0$이어야 하므로
$-k^3+1\geq0$, $k^3-1\leq0$, $(k-1)(k^2+k+1)\leq0$
$\therefore 0<k\leq1$ ($\because k>0$이고 $k^2+k+1>0$)
따라서 양수 k의 최댓값은 1이다.　　　　답 ①

05

$f(x)=x^3-3x^2-9x+m$이므로
$f'(x)=3x^2-6x-9=3(x+1)(x-3)$
$f'(x)=0$에서 $x=-1$ 또는 $x=3$
함수 $f(x)$의 증가와 감소를 표로 나타내면 다음과 같다.

x	$\cdots$	-1	$\cdots$	3	$\cdots$
$f'(x)$	$+$	0	$-$	0	$+$
$f(x)$	$\nearrow$	극대	$\searrow$	극소	$\nearrow$

곡선 $y=f(x)$가 x축과 접하기 위해서는
(극댓값)×(극솟값)$=0$이어야 한다.
이때, $f(-1)=5+m$, $f(3)=-27+m$에서
$f(-1)f(3)=(5+m)(-27+m)=0$
$\therefore m=-5$ 또는 $m=27$
따라서 모든 실수 m의 합은
$(-5)+27=22$　　　　　　　　　答 ④

06

$f(x)=2x^3-6x+k$이므로
$f'(x)=6x^2-6=6(x-1)(x+1)$
$f'(x)=0$에서 $x=-1$ 또는 $x=1$
함수 $f(x)$의 증가와 감소를 표로 나타내면 다음과 같다.

x	$\cdots$	-1	$\cdots$	1	$\cdots$
$f'(x)$	$+$	0	$-$	0	$+$
$f(x)$	$\nearrow$	극대	$\searrow$	극소	$\nearrow$

방정식 $f(x)=0$이 서로 다른 두 실근을 가지려면
(극댓값)×(극솟값)$=0$이어야 한다.
이때, $f(-1)=4+k$, $f(1)=-4+k$에서
$f(-1)f(1)=(4+k)(-4+k)=0$
$\therefore k=4$ ($\because k>0$)　　　　　　答 ②

07

$f(x)=2x^3-3kx^2+1$이라 하면
$f'(x)=6x^2-6kx=6x(x-k)$
$f'(x)=0$에서 $x=0$ 또는 $x=k$ $(k>0)$

08

$f(x)=x^4+4x+a$라 하면
$f'(x)=4x^3+4=4(x+1)(x^2-x+1)$
$f'(x)=0$에서 $x=-1$ ($\because x^2-x+1>0$)
함수 $f(x)$의 증가와 감소를 표로 나타내면 다음과 같다.

x	$\cdots$	-1	$\cdots$
$f'(x)$	$-$	0	$+$
$f(x)$	$\searrow$	$-3+a$	$\nearrow$

함수 $f(x)$의 최솟값은 $-3+a$이므로 모든 실수 x에 대하여 부등
식 $f(x)\geq0$이 성립하려면 $f(-1)\geq0$이어야 하므로
$-3+a\geq0$　　$\therefore a\geq3$
따라서 실수 a의 최솟값은 3이다.　　　　답 ⑤

09

$h(x)=f(x)-g(x)$라 하면
$h(x)=x^3-(3x^2+a)=x^3-3x^2-a$
$h'(x)=3x^2-6x=3x(x-2)$
$h'(x)=0$에서 $x=0$ 또는 $x=2$
함수 $h(x)$의 증가와 감소를 표로 나타내면 다음과 같다.

x	0	$\cdots$	2	$\cdots$
$h'(x)$	0	$-$	0	$+$
$h(x)$	$-a$	$\searrow$	$-4-a$	$\nearrow$

$x\geq0$일 때, 함수 $h(x)$는 $x=2$에서 극소이면서 최소이므로 최솟
값은 $-4-a$이다.
$x\geq0$일 때 부등식 $h(x)\geq0$이 성립하려면 $h(2)\geq0$이어야 하므로
$-4-a\geq0$　　$\therefore a\leq-4$
따라서 실수 a의 최댓값은 -4이다.　　　답 ④

10

$x=t^3-3t^2-9t$에서 점 P의 속도를 v라 하면
$v=\dfrac{dx}{dt}=3t^2-6t-9$
점 P의 운동 방향이 바뀌는 순간은 속도가 0일 때이므로
$3t^2-6t-9=0$, $3(t+1)(t-3)=0$
$\therefore t=3$ ($\because t>0$)

따라서 시각 $t=3$에서 점 P의 운동 방향이 바뀌므로 그때의 점 P의 위치는
$$3^3-3\times3^2-9\times3=-27$$
답 ①

11

$x=t^3-9t^2+15t$에서 점 P의 속도를 v라 하면
$$v=\frac{dx}{dt}=3t^2-18t+15$$
점 P의 운동 방향이 바뀌는 순간은 속도가 0일 때이므로
$$3t^2-18t+15=0,\ 3(t-1)(t-5)=0$$
$$\therefore\ t=1\ \text{또는}\ t=5$$
따라서 점 P가 출발 후 운동 방향을 바꾸는 시각은 $t=1$, $t=5$일 때이므로 $a=1$, $b=5$ ($\because\ a<b$)
$$\therefore\ b-a=5-1=4$$
답 ②

12

시각 t에서의 두 점 P, Q의 속도를 각각 v_P, v_Q라 하면
$$v_\text{P}=P'(t)=2t-5,\ v_\text{Q}=Q'(t)=4t-15$$
이때, 두 점 P, Q가 서로 반대 방향으로 움직이려면
$v_\text{P}v_\text{Q}<0$이어야 하므로
$$(2t-5)(4t-15)<0$$
$$\therefore\ \frac{5}{2}<t<\frac{15}{4}$$
답 ⑤

13

t초 후의 물체의 속도를 v라 하면
$$v=\frac{dx}{dt}=30-10t\,(\text{m/s})$$
최고 높이에서 물체의 속도는 0 m/s이므로
$v=30-10t=0$에서
$$t=3\qquad\therefore\ \alpha=3$$
또한 $t=3$에서 물체의 높이는
$$35+30\times3-5\times3^2=80$$
$$\therefore\ \beta=80$$
$$\therefore\ \alpha+\beta=3+80=83$$
답 83

14

ㄱ. (거짓) 점 P는 출발 후 운동 방향을 $t=1$, $t=3$일 때 2번 바꾼다.

ㄴ. (참) 점 P는 출발 후 $t=2$, $t=4$일 때 원점을 2번 지난다.

ㄷ. (참) 속도 $v=f'(t)$이므로 $x=f(t)$의 그래프의 접선의 기울기가 0일 때, 즉 $t=1$, $t=3$일 때 점 P의 속도는 0이다.

따라서 옳은 것은 ㄴ, ㄷ이다.
답 ④

15

t초 후의 넓이를 $S(t)$라 하면
$$S(t)=(3+t)(2+t)=t^2+5t+6$$
$$\therefore\ S'(t)=2t+5$$
따라서 변의 길이가 늘어나기 시작한 지 5초 후의 넓이의 변화율은
$$S'(5)=10+5=15\,(\text{cm}^2/\text{s})$$
$$\therefore\ a=15$$
답 15

---

01 | 부정적분

교과서 핵심 개념별 대표 유형 익히기
본문 42~43쪽

개념 ① 부정적분

개념 Check

1 (1) $\displaystyle\int f(x)dx=2x^3+x^2+3x+C$의 양변을 x에 대하여 미분하면
$$f(x)=(2x^3+x^2+3x+C)'=6x^2+2x+3$$

(2) $\displaystyle\int f(x)dx=-\frac{1}{4}x^4-\frac{1}{2}x^2+C$의 양변을 x에 대하여 미분하면
$$f(x)=\left(-\frac{1}{4}x^4-\frac{1}{2}x^2+C\right)'=-x^3-x$$

답 (1) $f(x)=6x^2+2x+3$ (2) $f(x)=-x^3-x$

2 (1) $\displaystyle\int\left\{\frac{d}{dx}f(x)\right\}dx=f(x)+C$ (C는 적분상수)이므로
$$\int\left\{\frac{d}{dx}(x^2+2x)\right\}dx=x^2+2x+C$$

(2) $\dfrac{d}{dx}\left\{\displaystyle\int f(x)dx\right\}=f(x)$이므로
$$\frac{d}{dx}\left\{\int(2x^3-x+1)dx\right\}=2x^3-x+1$$

답 (1) x^2+2x+C (단, C는 적분상수) (2) $2x^3-x+1$

유형 ①

부정적분의 정의에 의하여
$$\int f(x)dx=3x^3+2x^2+x+C$$의 양변을 x에 대하여 미분하면
$$f(x)=(3x^3+2x^2+x+C)'=9x^2+4x+1$$
$$\therefore\ f(-1)=9-4+1=6$$
답 ④

01-1

부정적분의 정의에 의하여
$$\int f(x)dx=\frac{1}{4}x^4-x^2+5x+C$$의 양변을 x에 대하여 미분하면
$$f(x)=\left(\frac{1}{4}x^4-x^2+5x+C\right)'=x^3-2x+5$$
$$\therefore\ f(2)=8-4+5=9$$
답 9

유형 ②

$\dfrac{d}{dx}\left\{\displaystyle\int(ax^2-3x+2)dx\right\}=ax^2-3x+2$이므로
$$ax^2-3x+2=6x^2+bx+2$$
위의 등식이 모든 실수 x에 대하여 성립하므로
$$a=6,\ b=-3$$
$$\therefore\ a+b=3$$
답 3

02-1

$\dfrac{d}{dx}\left\{\displaystyle\int (x-1)(x^2+ax-1)dx\right\}=(x-1)(x^2+ax-1)$이므로

$(x-1)(x^2+ax-1)=bx^3-3x^2+cx+1$

$x^3+(a-1)x^2-(a+1)x+1=bx^3-3x^2+cx+1$

위의 등식이 모든 실수 x에 대하여 성립하므로

$1=b,\ a-1=-3,\ -a-1=c$

따라서 $a=-2,\ b=1,\ c=1$이므로

$a+b+c=0$ 답 ①

개념 ② 다항함수의 부정적분

개념 Check

1 (1) $\displaystyle\int 3\,dx=3x+C$ (단, C는 적분상수)

(2) $\displaystyle\int 4x^3 dx=4\times\dfrac{1}{3+1}x^{3+1}+C=x^4+C$ (단, C는 적분상수)

(3) $\displaystyle\int\left(-\dfrac{1}{3}x^2\right)dx=-\dfrac{1}{3}\times\dfrac{1}{2+1}x^{2+1}+C$

$\qquad=-\dfrac{1}{9}x^3+C$ (단, C는 적분상수)

(4) $\displaystyle\int\dfrac{1}{2}x^4 dx=\dfrac{1}{2}\times\dfrac{1}{4+1}x^{4+1}+C$

$\qquad=\dfrac{1}{10}x^5+C$ (단, C는 적분상수)

답 (1) $3x+C$ (단, C는 적분상수)
(2) x^4+C (단, C는 적분상수)
(3) $-\dfrac{1}{9}x^3+C$ (단, C는 적분상수)
(4) $\dfrac{1}{10}x^5+C$ (단, C는 적분상수)

2 (1) $\displaystyle\int (2x+3)dx=2\int x\,dx+3\int dx$

$\qquad=2\left(\dfrac{1}{2}x^2+C_1\right)+3(x+C_2)$

$\qquad=x^2+3x+C$ (단, C는 적분상수)

(2) $\displaystyle\int (4x^3-6x^2-3)dx$

$\qquad=4\int x^3 dx-6\int x^2 dx-3\int dx$

$\qquad=4\left(\dfrac{1}{4}x^4+C_1\right)-6\left(\dfrac{1}{3}x^3+C_2\right)-3(x+C_3)$

$\qquad=x^4-2x^3-3x+C$ (단, C는 적분상수)

(3) $\displaystyle\int x(2x+1)dx$

$\qquad=\int (2x^2+x)dx$

$\qquad=2\int x^2 dx+\int x\,dx$

$\qquad=2\left(\dfrac{1}{3}x^3+C_1\right)+\left(\dfrac{1}{2}x^2+C_2\right)$

$\qquad=\dfrac{2}{3}x^3+\dfrac{1}{2}x^2+C$ (단, C는 적분상수)

(4) $\displaystyle\int (x-1)^2(x+1)dx$

$\qquad=\int (x^3-x^2-x+1)dx$

$\qquad=\int x^3 dx-\int x^2 dx-\int x\,dx+\int dx$

$\qquad=\left(\dfrac{1}{4}x^4+C_1\right)-\left(\dfrac{1}{3}x^3+C_2\right)-\left(\dfrac{1}{2}x^2+C_3\right)+(x+C_4)$

$\qquad=\dfrac{1}{4}x^4-\dfrac{1}{3}x^3-\dfrac{1}{2}x^2+x+C$ (단, C는 적분상수)

답 (1) x^2+3x+C (단, C는 적분상수)
(2) x^4-2x^3-3x+C (단, C는 적분상수)
(3) $\dfrac{2}{3}x^3+\dfrac{1}{2}x^2+C$ (단, C는 적분상수)
(4) $\dfrac{1}{4}x^4-\dfrac{1}{3}x^3-\dfrac{1}{2}x^2+x+C$ (단, C는 적분상수)

유형 03

$f(x)=\displaystyle\int (-3x^2-x+1)dx$

$\qquad=-x^3-\dfrac{1}{2}x^2+x+C$ (단, C는 적분상수)

이때, $f(2)=1$이므로

$f(2)=-8-2+2+C=1$에서 $C=9$

따라서 $f(x)=-x^3-\dfrac{1}{2}x^2+x+9$이므로

$f(0)=9$ 답 9

03-1

$f(x)=\displaystyle\int x(x+1)(x-1)dx$

$\qquad=\int (x^3-x)dx$

$\qquad=\dfrac{1}{4}x^4-\dfrac{1}{2}x^2+C$ (단, C는 적분상수)

이때, $f(1)=0$이므로

$f(1)=\dfrac{1}{4}-\dfrac{1}{2}+C=0$에서 $C=\dfrac{1}{4}$

따라서 $f(x)=\dfrac{1}{4}x^4-\dfrac{1}{2}x^2+\dfrac{1}{4}$이므로

$4f(0)=4\times\dfrac{1}{4}=1$ 답 ①

03-2

$f(x)=\displaystyle\int f'(x)dx$이므로

$f(x)=\displaystyle\int (4-x^2)dx=4x-\dfrac{1}{3}x^3+C$ (단, C는 적분상수)

이때, $f(3)=4$이므로

$f(3)=12-9+C=4$에서 $C=1$

따라서 $f(x)=4x-\dfrac{1}{3}x^3+1$이므로

$f(-3)=-12+9+1=-2$ 답 ①

03-3

$f(x)=\displaystyle\int f'(x)dx$이므로

$f(x)=\int(ax^3-5)dx=\dfrac{a}{4}x^4-5x+C$ (단, C는 적분상수)

$f(0)=2$이므로 $C=2$

또한 $f(1)=3$이므로 $\dfrac{a}{4}-5+2=3$

$\therefore a=24$ 답 24

대표 유형 다지기   본문 **44**쪽

01 2	**02** ⑤	**03** 4	**04** ②	**05** 5
06 127	**07** ②	**08** ②		

01

$\int\{f(x)-1\}dx=x^4-x^3+\dfrac{1}{2}x^2+x+1$의 양변을 x에 대하여 미분하면

$f(x)-1=\left(x^4-x^3+\dfrac{1}{2}x^2+x+1\right)'=4x^3-3x^2+x+1$

따라서 $f(x)=4x^3-3x^2+x+2$이므로

$f(0)=2$ 답 2

02

$\int(x-1)^2f(x)dx=4x^3-2x+1$의 양변을 x에 대하여 미분하면

$(x-1)^2f(x)=(4x^3-2x+1)'=12x^2-2$

양변에 $x=2$를 대입하면

$1^2\times f(2)=12\times 2^2-2=46$

$\therefore f(2)=46$ 답 ⑤

03

$\int(3x^2+ax+b)dx=cx^3-\dfrac{1}{2}x^2-4x+1004$의 양변을 x에 대하여 미분하면

$3x^2+ax+b=\left(cx^3-\dfrac{1}{2}x^2-4x+1004\right)'=3cx^2-x-4$

위의 등식이 모든 실수 x에 대하여 성립하므로

$a=-1$, $b=-4$, $c=1$

$\therefore abc=4$ 답 4

04

$\int f(x)dx=2x^3-3x^2+C$의 양변을 x에 대하여 미분하면

$f(x)=(2x^3-3x^2+C)'=6x^2-6x$

따라서 $f(x)=6x(x-1)$이므로

$\dfrac{1}{f(x)}=\dfrac{1}{6x(x-1)}=\dfrac{1}{6}\left(\dfrac{1}{x-1}-\dfrac{1}{x}\right)$

$\therefore \dfrac{1}{f(2)}+\dfrac{1}{f(3)}+\dfrac{1}{f(4)}+\dfrac{1}{f(5)}$

$=\dfrac{1}{6}\left\{\left(1-\dfrac{1}{2}\right)+\left(\dfrac{1}{2}-\dfrac{1}{3}\right)+\left(\dfrac{1}{3}-\dfrac{1}{4}\right)+\left(\dfrac{1}{4}-\dfrac{1}{5}\right)\right\}$

$=\dfrac{1}{6}\left(1-\dfrac{1}{5}\right)=\dfrac{2}{15}$ 답 ②

05

함수 $f(x)=-2x^3+5x^2$에 대하여

$G(x)=\int\left[\dfrac{d}{dx}\{f(x)+4\}\right]dx=\int f'(x)dx$

$=f(x)+C=-2x^3+5x^2+C$ (단, C는 적분상수)

$G(1)=4$에서 $-2+5+C=4$

$\therefore C=1$

따라서 $G(x)=-2x^3+5x^2+1$이므로

$G(2)=-16+20+1=5$ 답 5

06

$f(x)=3\int x^2dx-\int x(x+1)dx$

$=\int\{3x^2-x(x+1)\}dx$

$=\int(2x^2-x)dx$

$=\dfrac{2}{3}x^3-\dfrac{1}{2}x^2+C$ (단, C는 적분상수)

이때, $f(0)=C=1$이므로

$f(x)=\dfrac{2}{3}x^3-\dfrac{1}{2}x^2+1$

$\therefore f(6)=144-18+1=127$ 답 127

07

$f(x)=\int(x^3-1)dx-\int(x-1)(x^2-1)dx$

$=\int\{(x^3-1)-(x-1)(x^2-1)\}dx$

$=\int\{(x^3-1)-(x^3-x^2-x+1)\}dx$

$=\int(x^2+x-2)dx$

$=\dfrac{1}{3}x^3+\dfrac{1}{2}x^2-2x+C$ (단, C는 적분상수)

이때, $f(0)=C=1$이므로

$f(x)=\dfrac{1}{3}x^3+\dfrac{1}{2}x^2-2x+1$

$\therefore f(-1)=-\dfrac{1}{3}+\dfrac{1}{2}+2+1=\dfrac{19}{6}$ 답 ②

08

$f(x)=\int f'(x)dx$이므로

$f(x)=\int(2x-3)dx=x^2-3x+C$ (단, C는 적분상수)

함수 $y=f(x)$의 그래프가 직선 $y=1$에 접하므로 방정식 $x^2-3x+C=1$, 즉 $x^2-3x+C-1=0$이 중근을 갖는다.

이 이차방정식의 판별식을 D라 하면

$D=9-4(C-1)=0$ $\therefore C=\dfrac{13}{4}$

따라서 $f(x)=x^2-3x+\dfrac{13}{4}$이므로

$f(1)=1-3+\dfrac{13}{4}=\dfrac{5}{4}$ 답 ②

02 | 정적분

교과서 핵심 개념별 대표 유형 익히기   본문 45~47쪽

개념 ① 정적분

개념 Check

1 (1) $\int_1^2 3x^2\,dx = \left[\,x^3\,\right]_1^2 = 8-1 = 7$

(2) $\int_5^5 (x^4-1)^2\,dx = 0$

(3) $\int_{-1}^{-3} 4x^3\,dx = \left[\,x^4\,\right]_{-1}^{-3} = 81-1 = 80$

• 다른 풀이

$\int_{-1}^{-3} 4x^3\,dx = -\int_{-3}^{-1} 4x^3\,dx = -\left[\,x^4\,\right]_{-3}^{-1} = -(1-81) = 80$

(4) $\int_{-2}^4 (2x-1)\,dx = \left[\,x^2-x\,\right]_{-2}^4 = (16-4)-(4+2) = 6$

(5) $\int_{-2}^1 3(x+2)(x-2)\,dx = \int_{-2}^1 (3x^2-12)\,dx$

$\quad = \left[\,x^3-12x\,\right]_{-2}^1$

$\quad = (1-12)-(-8+24)$

$\quad = -27$

답 (1) 7 (2) 0 (3) 80 (4) 6 (5) -27

유형 01

$-\int_1^0 (3x^2-2x)\,dx = \int_0^1 (3x^2-2x)\,dx$ 이므로

$\int_1^3 (3x^2-2x)\,dx - \int_1^0 (3x^2-2x)\,dx$

$= \int_1^3 (3x^2-2x)\,dx + \int_0^1 (3x^2-2x)\,dx$

$= \int_0^1 (3x^2-2x)\,dx + \int_1^3 (3x^2-2x)\,dx$

$= \int_0^3 (3x^2-2x)\,dx = \left[\,x^3-x^2\,\right]_0^3$

$= 3^3-3^2 = 18$

답 18

01-1

$\int_3^1 (x^3-2x)\,dx = -\int_1^3 (x^3-2x)\,dx$ 이므로

$\int_1^3 (x^3+1)\,dx + \int_3^1 (x^3-2x)\,dx$

$= \int_1^3 (x^3+1)\,dx - \int_1^3 (x^3-2x)\,dx$

$= \int_1^3 (x^3+1-x^3+2x)\,dx$

$= \int_1^3 (2x+1)\,dx$

$= \left[\,x^2+x\,\right]_1^3$

$= (3^2+3)-(1^2+1) = 10$

답 10

01-2

$\int_{-3}^2 f(x)\,dx = \int_{-3}^0 (x-1)^2\,dx + \int_0^2 (x+1)\,dx$

$\quad = \int_{-3}^0 (x^2-2x+1)\,dx + \int_0^2 (x+1)\,dx$

$\quad = \left[\,\dfrac{1}{3}x^3-x^2+x\,\right]_{-3}^0 + \left[\,\dfrac{1}{2}x^2+x\,\right]_0^2$

$\quad = -\left\{\dfrac{1}{3}\times(-3)^3-(-3)^2+(-3)\right\} + \dfrac{1}{2}\times 2^2+2$

$\quad = 25$

답 25

01-3

$4|x(x-3)^2| = \begin{cases} -4x(x-3)^2 & (x<0) \\ 4x(x-3)^2 & (x \geq 0) \end{cases}$ 이므로

$\int_{-1}^3 4|x(x-3)^2|\,dx$

$= \int_{-1}^0 \{-4x(x-3)^2\}\,dx + \int_0^3 4x(x-3)^2\,dx$

$= \int_{-1}^0 (-4x^3+24x^2-36x)\,dx + \int_0^3 (4x^3-24x^2+36x)\,dx$

$= \left[\,-x^4+8x^3-18x^2\,\right]_{-1}^0 + \left[\,x^4-8x^3+18x^2\,\right]_0^3$

$= -(-1-8-18)+(81-216+162) = 54$

답 54

개념 ② 정적분의 기하적 의미

유형 02

$\int_{-3}^3 x^3\,dx = \int_{-3}^3 x\,dx = 0$ 이고

$\int_{-3}^3 x^2\,dx = 2\int_0^3 x^2\,dx,\ \int_{-3}^3 dx = 2\int_0^3 dx$ 이므로

$\int_{-3}^3 (1004x^3+3x^2+2021x-1)\,dx$

$= \int_{-3}^3 (3x^2-1)\,dx$

$= 2\int_0^3 (3x^2-1)\,dx$

$= 2\left[\,x^3-x\,\right]_0^3 = 2\times(3^3-3) = 48$

답 48

02-1

$\int_{-2}^2 x^5\,dx = \int_{-2}^2 x\,dx = 0$ 이고

$\int_{-2}^2 x^2\,dx = 2\int_0^2 x^2\,dx,\ \int_{-2}^2 dx = 2\int_0^2 dx$ 이므로

$\int_{-2}^2 (5x^5+6x^2+17x-2)\,dx$

$= \int_{-2}^2 (6x^2-2)\,dx$

$$=2\int_0^2 (6x^2-2)dx$$
$$=4\int_0^2 (3x^2-1)dx$$
$$=4\Big[x^3-x\Big]_0^2=4\times(2^3-2)=24 \qquad \text{답 } 24$$

02-2

$$-\int_0^{-1}(13x^9-8x^5+3x^2+2x)dx$$
$$=\int_{-1}^0 (13x^9-8x^5+3x^2+2x)dx$$

이므로

$$\int_0^1 (13x^9-8x^5+3x^2+2x)dx-\int_0^{-1}(13x^9-8x^5+3x^2+2x)dx$$
$$=\int_0^1 (13x^9-8x^5+3x^2+2x)dx+\int_{-1}^0 (13x^9-8x^5+3x^2+2x)dx$$
$$=\int_{-1}^1 (13x^9-8x^5+3x^2+2x)dx$$
$$=\int_{-1}^1 3x^2\, dx$$
$$=2\int_0^1 3x^2\, dx$$
$$=2\Big[x^3\Big]_0^1=2\times 1^3=2 \qquad \text{답 } 2$$

02-3

$$-3\int_1^{337}(2x^{17}+3x^2-5x)dx$$
$$=3\int_{337}^1 (2x^{17}+3x^2-5x)dx$$
$$=\int_{337}^1 (6x^{17}+9x^2-15x)dx$$

이므로

$$\int_{-1}^{337}(6x^{17}+9x^2-15x)dx-3\int_1^{337}(2x^{17}+3x^2-5x)dx$$
$$=\int_{-1}^{337}(6x^{17}+9x^2-15x)dx+\int_{337}^1 (6x^{17}+9x^2-15x)dx$$
$$=\int_{-1}^1 (6x^{17}+9x^2-15x)dx$$
$$=\int_{-1}^1 9x^2\, dx=2\int_0^1 9x^2\, dx$$
$$=2\Big[3x^3\Big]_0^1=2\times 3\times 1^3=6 \qquad \text{답 } 6$$

개념 ③ 정적분으로 나타내어진 함수

개념 Check

1 (1) $f(x)=\dfrac{d}{dx}\displaystyle\int_2^x (3t-1)dt=3x-1$

(2) $f(x)=\dfrac{d}{dx}\displaystyle\int_x^{x+1}(t^2+t-1)dt$
$$=\{(x+1)^2+(x+1)-1\}-(x^2+x-1)$$
$$=2x+2 \qquad \text{답 (1) } f(x)=3x-1 \text{ (2) } f(x)=2x+2$$

2 (1) $f(t)=(t+1)^2$으로 놓고 $f(t)$의 한 부정적분을 $F(t)$라 하면

$$\lim_{x\to 1}\frac{1}{x-1}\int_1^x (t+1)^2 dt$$
$$=\lim_{x\to 1}\frac{1}{x-1}\Big[F(t)\Big]_1^x$$
$$=\lim_{x\to 1}\frac{F(x)-F(1)}{x-1}$$
$$=F'(1)=f(1)=2^2=4$$

(2) $f(t)=2t^3+3t^2-2$로 놓고 $f(t)$의 한 부정적분을 $F(t)$라 하면

$$\lim_{x\to 0}\frac{1}{x}\int_2^{x+2}(2t^3+3t^2-2)dt$$
$$=\lim_{x\to 0}\frac{1}{x}\Big[F(t)\Big]_2^{x+2}$$
$$=\lim_{x\to 0}\frac{F(x+2)-F(2)}{x}$$
$$=F'(2)=f(2)$$
$$=2\times 2^3+3\times 2^2-2=26 \qquad \text{답 (1) } 4 \text{ (2) } 26$$

유형 03

$$f(x)=\frac{d}{dx}\int_0^x (2t^3-5t+6)dt$$
$$=2x^3-5x+6$$
$$\therefore f(1)=2-5+6=3 \qquad \text{답 } 3$$

03-1

$$f(x)=\frac{d}{dx}\int_{273}^x (6t^5+3t^2+7)dt$$
$$=6x^5+3x^2+7$$
$$\therefore f(-1)=-6+3+7=4 \qquad \text{답 } 4$$

03-2

$f(x)=\displaystyle\int_{-1}^x (5t^2-2|t|+3)dt$의 양변을 x에 대하여 미분하면

$$f'(x)=\frac{d}{dx}\int_{-1}^x (5t^2-2|t|+3)dt$$
$$=5x^2-2|x|+3$$
$$\therefore f'(-2)=20-4+3=19 \qquad \text{답 } 19$$

03-3

$f(t)=3t^3+2t^2+t+1$로 놓고 $f(t)$의 한 부정적분을 $F(t)$라 하면

$$\lim_{x\to 2}\frac{1}{x-2}\int_2^x (3t^3+2t^2+t+1)dt$$
$$=\lim_{x\to 2}\frac{1}{x-2}\int_2^x f(t)dt$$
$$=\lim_{x\to 2}\frac{1}{x-2}\Big[F(t)\Big]_2^x$$
$$=\lim_{x\to 2}\frac{F(x)-F(2)}{x-2}$$
$$=F'(2)=f(2)$$
$$=24+8+2+1=35 \qquad \text{답 } 35$$

01 ④	**02** 3	**03** ②	**04** 50	**05** 9
06 ④	**07** ③	**08** ③	**09** 2	**10** ⑤
11 ④	**12** ⑤	**13** ②	**14** 24	**15** ④
16 ④				

01

$(x-1)(x+1)(x^2+1)=(x^2-1)(x^2+1)=x^4-1$

이므로

$\int_{-1}^{2}5(x-1)(x+1)(x^2+1)dx$

$=\int_{-1}^{2}5(x^4-1)dx=\int_{-1}^{2}(5x^4-5)dx$

$=\Big[x^5-5x\Big]_{-1}^{2}$

$=2^5-5\times2-\{(-1)^5-5\times(-1)\}$

$=18$ 　　　　　　　　　　　　　　　　**답** ④

02

$\int_{1004}^{1004}(4x^3-2x)dx=0$이므로

$\int_{1004}^{1004}(4x^3-2x)dx+\int_{1}^{2}(x-1)(3x+1)dx$

$=\int_{1}^{2}(x-1)(3x+1)dx$

$=\int_{1}^{2}(3x^2-2x-1)dx$

$=\Big[x^3-x^2-x\Big]_{1}^{2}$

$=2^3-2^2-2-(1^3-1^2-1)$

$=3$ 　　　　　　　　　　　　　　　　**답** 3

03

$\int_{1}^{2}\dfrac{t^3+1}{t^2-t+1}dt=\int_{1}^{2}\dfrac{(t+1)(t^2-t+1)}{t^2-t+1}dt$

$\qquad\qquad\quad=\int_{1}^{2}(t+1)dt=\Big[\dfrac{1}{2}t^2+t\Big]_{1}^{2}$

$\qquad\qquad\quad=(2+2)-\Big(\dfrac{1}{2}+1\Big)=\dfrac{5}{2}$ 　　**답** ②

04

$\int_{0}^{1}(1+2x+3x^2+4x^3+\cdots+50x^{49})dx$

$=\Big[x+x^2+x^3+\cdots+x^{50}\Big]_{0}^{1}$

$=(1+1+1+\cdots+1)-0$

$=1\times50=50$ 　　　　　　　　　　　　**답** 50

05

$2\int_{-4}^{-1}(x^2-1)dx+\int_{-4}^{-1}(3+2t-t^2)dt$

$=\int_{-4}^{-1}(2x^2-2)dx+\int_{-4}^{-1}(3+2x-x^2)dx$

$=\int_{-4}^{-1}(2x^2-2+3+2x-x^2)dx$

$=\int_{-4}^{-1}(x^2+2x+1)dx$

$=\Big[\dfrac{1}{3}x^3+x^2+x\Big]_{-4}^{-1}$

$=\dfrac{1}{3}\times(-1)^3+(-1)^2+(-1)-\Big\{\dfrac{1}{3}\times(-4)^3+(-4)^2+(-4)\Big\}$

$=9$ 　　　　　　　　　　　　　　　　**답** 9

06

$-\int_{0}^{-2}3(x+1)^2dx=\int_{-2}^{0}3(x+1)^2dx$이므로

$\int_{0}^{3}3(x+1)^2dx-\int_{0}^{-2}3(x+1)^2dx$

$=\int_{0}^{3}3(x+1)^2dx+\int_{-2}^{0}3(x+1)^2dx$

$=\int_{-2}^{3}3(x+1)^2dx$

$=\int_{-2}^{3}(3x^2+6x+3)dx$

$=\Big[x^3+3x^2+3x\Big]_{-2}^{3}$

$=3^3+3\times3^2+3\times3-\{(-2)^3+3\times(-2)^2+3\times(-2)\}$

$=65$ 　　　　　　　　　　　　　　　**답** ④

07

$0\le x<1$에서 $f(x)=x,$

$1\le x<2$에서 $f(x)=1,$

$2\le x<3$에서 $f(x)=3-x$

이므로

$\int_{0}^{3}3xf(x)dx$

$=\int_{0}^{1}3xf(x)\,dx+\int_{1}^{2}3xf(x)\,dx+\int_{2}^{3}3xf(x)dx$

$=\int_{0}^{1}3x^2\,dx+\int_{1}^{2}3x\,dx+\int_{2}^{3}(-3x^2+9x)dx$

$=\Big[x^3\Big]_{0}^{1}+\Big[\dfrac{3}{2}x^2\Big]_{1}^{2}+\Big[-x^3+\dfrac{9}{2}x^2\Big]_{2}^{3}$

$=1+\Big(6-\dfrac{3}{2}\Big)+\Big\{\Big(-27+\dfrac{81}{2}\Big)-(-8+18)\Big\}$

$=9$ 　　　　　　　　　　　　　　　　**답** ③

08

$f(x)=|x|+|x-1|$이라 하면

$f(x)=\begin{cases}-2x+1 & (x<0)\\ 1 & (0\le x<1)\\ 2x-1 & (x\ge1)\end{cases}$

$\therefore \int_{-1}^{2}(|x|+|x-1|)dx$

$\quad=\int_{-1}^{0}(-2x+1)dx+\int_{0}^{1}1dx+\int_{1}^{2}(2x-1)dx$

$\quad=\Big[-x^2+x\Big]_{-1}^{0}+\Big[x\Big]_{0}^{1}+\Big[x^2-x\Big]_{1}^{2}$

$\quad=\{0-(-2)\}+(1-0)+(2-0)=5$ 　　　**답** ③

09

$f(x)=x^3-3x^2+\displaystyle\int_0^2 f(t)dt$에서

$\displaystyle\int_0^2 f(t)dt=k$ (k는 실수) ...... ㉠

로 놓으면 $f(x)=x^3-3x^2+k$이므로 ㉠의 좌변은

$$\int_0^2 f(t)dt=\int_0^2 (t^3-3t^2+k)dt$$
$$=\left[\frac{1}{4}t^4-t^3+kt\right]_0^2$$
$$=(4-8+2k)-0$$
$$=2k-4$$

이때 ㉠에서 $2k-4=k$이므로 $k=4$

따라서 $f(x)=x^3-3x^2+4$이므로

$f(1)=1-3+4=2$ 답 2

10

$$\int_{-2}^1 (2x^3-17x+1)dx+\int_1^2 (2x^3-17x+1)dx$$
$$=\int_{-2}^2 (2x^3-17x+1)dx$$

이때, $\displaystyle\int_{-2}^2 x^3\,dx=\int_{-2}^2 x\,dx=0$이고 $\displaystyle\int_{-2}^2 dx=2\int_0^2 dx$이므로

$$\int_{-2}^2 (2x^3-17x+1)dx=2\int_0^2 dx$$
$$=2\left[x\right]_0^2$$
$$=2\times 2=4$$

답 ⑤

11

$$\int_{-a}^a (3x^{31}-5x^{11}+1)dx=\int_{-a}^a dx=2\int_0^a dx$$
$$=2\left[x\right]_0^a$$
$$=2a$$

즉, $2a=a^2-4$에서 $a^2-2a-4=0$

따라서 이차방정식의 근과 계수의 관계에 의하여 구하는 모든 실수 a의 값의 합은 2이다. 답 ④

12

$\dfrac{d}{dx}\displaystyle\int_a^x f(t)dt=x^3+3x^2+6$에서

$f(x)=x^3+3x^2+6$ ∴ $f(-1)=8$

이때, $f'(x)=3x^2+6x$이므로

$f'(-1)=-3$

∴ $f(-1)-f'(-1)=8-(-3)=11$ 답 ⑤

13

$f(x)=\displaystyle\int_{-2}^x (t^2-|t|)dt$의 양변에 $x=-2$를 대입하면

$f(-2)=\displaystyle\int_{-2}^{-2} (t^2-|t|)dt=0$

또한 $f'(x)=\dfrac{d}{dx}\displaystyle\int_{-2}^x (t^2-|t|)dt=x^2-|x|$이므로

$f'(-2)=(-2)^2-|-2|=2$

∴ $f(-2)+f'(-2)=0+2=2$ 답 ②

14

$\displaystyle\int_2^2 f(t)dt=0$이므로

$\displaystyle\int_2^x f(t)dt=x^3-ax-2$의 양변에 $x=2$를 대입하면

$0=8-2a-2$ ∴ $a=3$

또한 $\displaystyle\int_2^x f(t)dt=x^3-3x-2$의 양변을 x에 대하여 미분하면

$\dfrac{d}{dx}\displaystyle\int_2^x f(t)dt=3x^2-3$

따라서 $f(x)=3x^2-3$이므로

$f(a)=f(3)=27-3=24$ 답 24

15

$\displaystyle\int_{-1}^x f(t)dt=xf(x)-2x^3+6x^2+5$ ...... ㉠

의 양변에 $x=-1$을 대입하면

$0=-f(-1)+2+6+5$ ∴ $f(-1)=13$

한편, ㉠의 양변을 x에 대하여 미분하면

$f(x)=f(x)+xf'(x)-6x^2+12x$

$xf'(x)=6x^2-12x$

∴ $f'(x)=6x-12$

∴ $f(x)=\displaystyle\int f'(x)dx=\int (6x-12)dx$
$$=3x^2-12x+C \text{ (단, } C\text{는 적분상수)}$$

이때 $f(-1)=13$이므로

$3+12+C=13$ ∴ $C=-2$

따라서 $f(x)=3x^2-12x-2$이므로

$f(0)=-2$ 답 ④

16

$f(t)=|t|^3+|t|$로 놓으면

$$\lim_{h\to 0}\frac{1}{h}\int_{-2}^{h-2} (|t|^3+|t|)dt$$
$$=\lim_{h\to 0}\frac{1}{h}\int_{-2}^{h-2} f(t)dt$$
$$=f(-2)=10$$

⬥ **다른 풀이**

$f(t)=|t|^3+|t|$, $F'(t)=f(t)$로 놓으면

$$\lim_{h\to 0}\frac{1}{h}\int_{-2}^{h-2} (|t|^3+|t|)dt$$
$$=\lim_{h\to 0}\frac{1}{h}\int_{-2}^{h-2} f(t)dt$$
$$=\lim_{h\to 0}\frac{F(h-2)-F(-2)}{h}$$
$$=F'(-2)$$
$$=f(-2)=10$$

답 ④

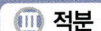

03 | 정적분의 활용

교과서 핵심 개념별 대표 유형 익히기   본문 50~52쪽

 개념 ① 곡선과 x축 사이의 넓이

개념 Check

1 (1) 곡선 $y=x^2-4x$와 x축의 교점의 x좌표는
$x^2-4x=0$에서 $x(x-4)=0$
∴ $x=0$ 또는 $x=4$
곡선 $y=x^2-4x$와 x축으로 둘러싸인 도형은 오른쪽 그림의 색칠된 부분과 같다.
구간 $[0,\ 4]$에서 $y\leq0$이므로 구하는 넓이는

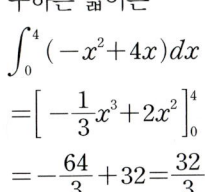

$\displaystyle\int_0^4 (-x^2+4x)dx$

$=\left[-\dfrac{1}{3}x^3+2x^2\right]_0^4$

$=-\dfrac{64}{3}+32=\dfrac{32}{3}$

(2) 곡선 $y=-x^2+3x+4$와 x축의 교점의 x좌표는
$-x^2+3x+4=0$, $x^2-3x-4=0$에서
$(x+1)(x-4)=0$
∴ $x=-1$ 또는 $x=4$
곡선 $y=-x^2+3x+4$와 x축으로 둘러싸인 도형은 오른쪽 그림의 색칠된 부분과 같다.
구간 $[-1,\ 4]$에서 $y\geq0$이므로 구하는 넓이는

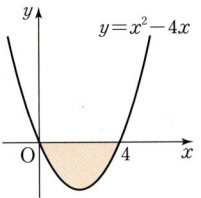

$\displaystyle\int_{-1}^4 (-x^2+3x+4)dx$

$=\left[-\dfrac{1}{3}x^3+\dfrac{3}{2}x^2+4x\right]_{-1}^4$

$=\left(-\dfrac{64}{3}+24+16\right)-\left(\dfrac{1}{3}+\dfrac{3}{2}-4\right)=\dfrac{125}{6}$

(3) 곡선 $y=(x+1)^2(x-2)$와 x축의 교점의 x좌표는
$(x+1)^2(x-2)=0$에서 $x=-1$ 또는 $x=2$
곡선 $y=(x+1)^2(x-2)$와 x축으로 둘러싸인 도형은 오른쪽 그림의 색칠된 부분과 같다.
구간 $[-1,\ 2]$에서 $y\leq0$이므로 구하는 넓이는

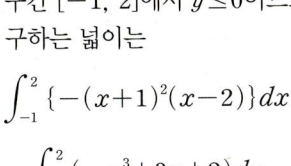
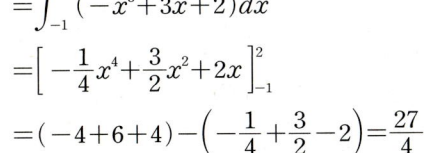

$\displaystyle\int_{-1}^2 \{-(x+1)^2(x-2)\}dx$

$=\displaystyle\int_{-1}^2 (-x^3+3x+2)dx$

$=\left[-\dfrac{1}{4}x^4+\dfrac{3}{2}x^2+2x\right]_{-1}^2$

$=(-4+6+4)-\left(-\dfrac{1}{4}+\dfrac{3}{2}-2\right)=\dfrac{27}{4}$

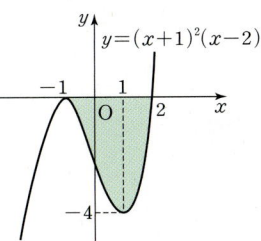

(4) 곡선 $y=x(x-2)(x+2)$와 x축의 교점의 x좌표는
$x(x-2)(x+2)=0$에서
$x=-2$ 또는 $x=0$ 또는 $x=2$
곡선 $y=x(x-2)(x+2)$와 x축으로 둘러싸인 도형은 오른쪽 그림의 색칠된 부분과 같다.
구간 $[-2,\ 0]$에서 $y\geq0$이고 구간 $[0,\ 2]$에서 $y\leq0$이므로 구하는 넓이는

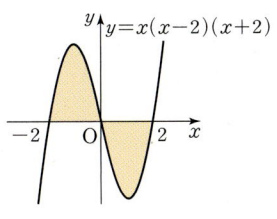

$\displaystyle\int_{-2}^0 x(x-2)(x+2)dx+\int_0^2 \{-x(x-2)(x+2)\}dx$

$=\displaystyle\int_{-2}^0 (x^3-4x)dx+\int_0^2 (-x^3+4x)dx$

$=\left[\dfrac{1}{4}x^4-2x^2\right]_{-2}^0+\left[-\dfrac{1}{4}x^4+2x^2\right]_0^2$

$=-(4-8)+(-4+8)$

$=8$

답 (1) $\dfrac{32}{3}$ (2) $\dfrac{125}{6}$ (3) $\dfrac{27}{4}$ (4) 8

유형 ①

곡선 $y=x^2-2x$와 x축의 교점의 x좌표는
$x^2-2x=0$에서 $x(x-2)=0$
∴ $x=0$ 또는 $x=2$
곡선 $y=x^2-2x$와 x축 및 두 직선 $x=1$, $x=4$로 둘러싸인 도형은 오른쪽 그림의 색칠된 부분과 같다.
구간 $[1,\ 2]$에서 $y\leq0$이고, 구간 $[2,\ 4]$에서 $y\geq0$이므로 구하는 넓이는

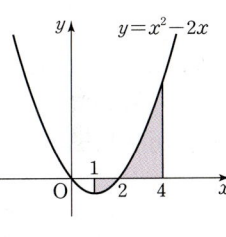

$\displaystyle\int_1^2 (-x^2+2x)dx+\int_2^4 (x^2-2x)dx$

$=\left[-\dfrac{1}{3}x^3+x^2\right]_1^2+\left[\dfrac{1}{3}x^3-x^2\right]_2^4$

$=\left(-\dfrac{8}{3}+4\right)-\left(-\dfrac{1}{3}+1\right)+\left(\dfrac{64}{3}-16\right)-\left(\dfrac{8}{3}-4\right)$

$=\dfrac{22}{3}$

답 $\dfrac{22}{3}$

01-1

곡선 $y=x^2-3x+2$와 x축의 교점의 x좌표는
$x^2-3x+2=0$에서 $(x-1)(x-2)=0$
∴ $x=1$ 또는 $x=2$
곡선 $y=x^2-3x+2$와 x축 및 y축으로 둘러싸인 도형은 오른쪽 그림의 색칠된 부분과 같다.
구간 $[0,\ 1]$에서 $y\geq0$이고, 구간 $[1,\ 2]$에서 $y\leq0$이므로 구하는 넓이는

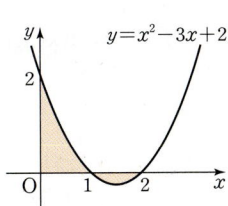

$$\int_0^1 (x^2-3x+2)dx + \int_1^2 (-x^2+3x-2)dx$$

$$=\left[\frac{1}{3}x^3-\frac{3}{2}x^2+2x\right]_0^1+\left[-\frac{1}{3}x^3+\frac{3}{2}x^2-2x\right]_1^2$$

$$=\left(\frac{1}{3}-\frac{3}{2}+2\right)+\left(-\frac{8}{3}+6-4\right)-\left(-\frac{1}{3}+\frac{3}{2}-2\right)$$

$$=1$$

답 1

01-2

곡선 $y=x^3-x^2-2x$와 x축의 교점의 x좌표는

$x^3-x^2-2x=0$에서

$x(x+1)(x-2)=0$

$\therefore x=-1$ 또는 $x=0$ 또는 $x=2$

곡선 $y=x^3-x^2-2x$와 x축으로 둘러싸인 도형은 오른쪽 그림의 색칠된 부분과 같다.

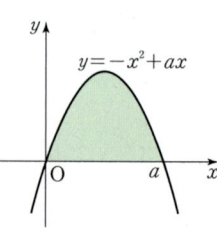

구간 $[-1, 0]$에서 $y\geq 0$이고,

구간 $[0, 2]$에서 $y\leq 0$이므로

$$S=\int_{-1}^0 (x^3-x^2-2x)dx + \int_0^2 (-x^3+x^2+2x)dx$$

$$=\left[\frac{1}{4}x^4-\frac{1}{3}x^3-x^2\right]_{-1}^0+\left[-\frac{1}{4}x^4+\frac{1}{3}x^3+x^2\right]_0^2$$

$$=-\left(\frac{1}{4}+\frac{1}{3}-1\right)+\left(-4+\frac{8}{3}+4\right)=\frac{37}{12}$$

$\therefore 12S=12\times\frac{37}{12}=37$

답 37

01-3

곡선 $y=-x^2+ax$와 x축의 교점의 x좌표는

$-x^2+ax=0$에서 $x(x-a)=0$

$\therefore x=0$ 또는 $x=a$ (단, $a>0$)

곡선 $y=-x^2+ax$와 x축으로 둘러싸인 도형은 오른쪽 그림의 색칠된 부분과 같다.

구간 $[0, a]$에서 $y\geq 0$이므로 색칠된 부분의 넓이를 S라 하면

$$S=\int_0^a (-x^2+ax)dx$$

$$=\left[-\frac{1}{3}x^3+\frac{1}{2}ax^2\right]_0^a$$

$$=-\frac{1}{3}a^3+\frac{1}{2}a^3=\frac{1}{6}a^3$$

조건에서 $S=\frac{9}{2}$이므로 $\frac{1}{6}a^3=\frac{9}{2}$에서

$a^3=27$ $\therefore a=3$ $(\because a>0)$

답 3

개념 **2** 두 곡선 사이의 넓이

유형 **02**

곡선 $y=x^2-3x$와 직선 $y=2x-4$의 교점의 x좌표는

$x^2-3x=2x-4$에서

$x^2-5x+4=0$, $(x-1)(x-4)=0$

$\therefore x=1$ 또는 $x=4$

곡선 $y=x^2-3x$와 직선 $y=2x-4$로 둘러싸인 도형은 오른쪽 그림의 색칠된 부분과 같다.

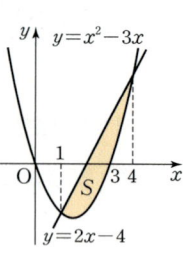

구간 $[1, 4]$에서 $x^2-3x\leq 2x-4$이므로

$$S=\int_1^4 \{(2x-4)-(x^2-3x)\}dx$$

$$=\int_1^4 (-x^2+5x-4)dx$$

$$=\left[-\frac{1}{3}x^3+\frac{5}{2}x^2-4x\right]_1^4$$

$$=\left(-\frac{64}{3}+40-16\right)-\left(-\frac{1}{3}+\frac{5}{2}-4\right)$$

$$=\frac{9}{2}$$

$\therefore 6S=6\times\frac{9}{2}=27$

답 27

02-1

곡선 $y=x^3-x^2+2$와 직선 $y=x+1$의 교점의 x좌표는

$x^3-x^2+2=x+1$에서

$x^3-x^2-x+1=0$, $(x+1)(x-1)^2=0$

$\therefore x=-1$ 또는 $x=1$

곡선 $y=x^3-x^2+2$와 직선 $y=x+1$로 둘러싸인 도형은 오른쪽 그림의 색칠된 부분과 같다.

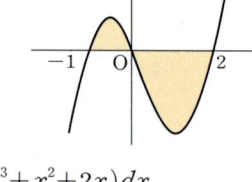

구간 $[-1, 1]$에서 $x^3-x^2+2\geq x+1$이므로

$$S=\int_{-1}^1 \{(x^3-x^2+2)-(x+1)\}dx$$

$$=\int_{-1}^1 (x^3-x^2-x+1)dx$$

$$=2\int_0^1 (-x^2+1)dx$$

$$=2\left[-\frac{1}{3}x^3+x\right]_0^1$$

$$=2\times\left(-\frac{1}{3}+1\right)=\frac{4}{3}$$

따라서 $p=3$, $q=4$이므로

$p+q=3+4=7$

답 7

유형 **03**

두 곡선 $y=x^2-2x+4$, $y=-2x^2+10x-5$의 교점의 x좌표는

$x^2-2x+4=-2x^2+10x-5$에서

$3x^2-12x+9=0$

$3(x-1)(x-3)=0$

$\therefore x=1$ 또는 $x=3$

두 곡선 $y=x^2-2x+4$,

$y=-2x^2+10x-5$로 둘러싸인 도형은 오른쪽 그림의 색칠된 부분과 같다.

구간 $[1, 3]$에서
$x^2-2x+4\leq-2x^2+10x-5$
이므로 구하는 넓이는
$$\int_1^3\{(-2x^2+10x-5)-(x^2-2x+4)\}dx$$
$$=\int_1^3(-3x^2+12x-9)dx$$
$$=\left[-x^3+6x^2-9x\right]_1^3$$
$$=(-27+54-27)-(-1+6-9)$$
$$=4$$

답 4

03-1

두 곡선 $y=x^3+x^2+2x$, $y=x^2+5x-2$의 교점의 x좌표는
$x^3+x^2+2x=x^2+5x-2$에서
$x^3-3x+2=0$
$(x+2)(x-1)^2=0$
∴ $x=-2$ 또는 $x=1$
두 곡선 $y=x^3+x^2+2x$,
$y=x^2+5x-2$로 둘러싸인 도형은
오른쪽 그림의 색칠된 부분과 같다.

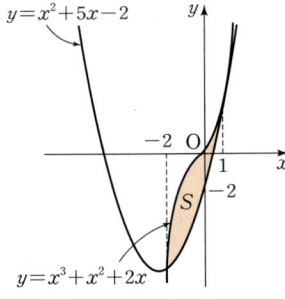

구간 $[-2, 1]$에서
$x^3+x^2+2x\geq x^2+5x-2$이므로
$$S=\int_{-2}^1\{(x^3+x^2+2x)-(x^2+5x-2)\}\,dx$$
$$=\int_{-2}^1(x^3-3x+2)dx$$
$$=\left[\frac{1}{4}x^4-\frac{3}{2}x^2+2x\right]_{-2}^1$$
$$=\left(\frac{1}{4}-\frac{3}{2}+2\right)-(4-6-4)=\frac{27}{4}$$
따라서 $p=4$, $q=27$이므로
$p+q=4+27=31$

답 31

03-2

두 곡선 $y=x^2-x$, $y=x^3+x^2-2x$의 교점의 x좌표는
$x^2-x=x^3+x^2-2x$에서
$x^3-x=0$, $x(x+1)(x-1)=0$
∴ $x=-1$ 또는 $x=0$ 또는 $x=1$
두 곡선 $y=x^2-x$,
$y=x^3+x^2-2x$로 둘러싸인 도형은
오른쪽 그림의 색칠된 부분과 같다.

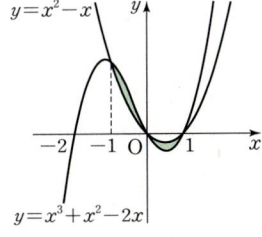

구간 $[-1, 0]$에서
$x^2-x\leq x^3+x^2-2x$이고,
구간 $[0, 1]$에서
$x^2-x\geq x^3+x^2-2x$이므로
$$S=\int_{-1}^0\{(x^3+x^2-2x)-(x^2-x)\}dx$$
$$+\int_0^1\{(x^2-x)-(x^3+x^2-2x)\}dx$$
$$=\int_{-1}^0(x^3-x)dx+\int_0^1(-x^3+x)dx$$

$$=\left[\frac{1}{4}x^4-\frac{1}{2}x^2\right]_{-1}^0+\left[-\frac{1}{4}x^4+\frac{1}{2}x^2\right]_0^1$$
$$=-\left(\frac{1}{4}-\frac{1}{2}\right)+\left(-\frac{1}{4}+\frac{1}{2}\right)$$
$$=\frac{1}{2}$$
∴ $6S=6\times\frac{1}{2}=3$

답 3

개념 ③ 속도와 거리

개념 Check

1 (1) 시각 $t=1$에서 점 P의 위치 x는
$$x=1+\int_0^1(t^2-3t+2)dt$$
$$=1+\left[\frac{1}{3}t^3-\frac{3}{2}t^2+2t\right]_0^1$$
$$=1+\left(\frac{1}{3}-\frac{3}{2}+2\right)=1+\frac{5}{6}=\frac{11}{6}$$

(2) 시각 $t=1$에서 $t=3$까지 점 P의 위치의 변화량은
$$\int_1^3(t^2-3t+2)dt=\left[\frac{1}{3}t^3-\frac{3}{2}t^2+2t\right]_1^3$$
$$=\left(9-\frac{27}{2}+6\right)-\left(\frac{1}{3}-\frac{3}{2}+2\right)$$
$$=\frac{3}{2}-\frac{5}{6}=\frac{2}{3}$$

(3) $1\leq t\leq 2$에서 $v(t)\leq 0$이고
$2\leq t\leq 3$에서 $v(t)\geq 0$이므로
시각 $t=1$에서 $t=3$까지 점 P가 움직인 거리는
$$\int_1^3|t^2-3t+2|dt$$
$$=\int_1^2(-t^2+3t-2)dt+\int_2^3(t^2-3t+2)dt$$
$$=\left[-\frac{1}{3}t^3+\frac{3}{2}t^2-2t\right]_1^2+\left[\frac{1}{3}t^3-\frac{3}{2}t^2+2t\right]_2^3$$
$$=\left\{-\frac{2}{3}-\left(-\frac{5}{6}\right)\right\}+\left(\frac{3}{2}-\frac{2}{3}\right)=1$$

답 (1) $\frac{11}{6}$ (2) $\frac{2}{3}$ (3) 1

유형 ④

자동차가 멈추려면 $v(t)=0$이어야 하므로
$48-6t=0$에서 $t=8$
즉, 제동을 건 후 8초가 지나면 자동차는 멈춰서게 된다.
따라서 이 자동차가 제동을 건 후 멈추기까지 움직인 거리는
$$\int_0^8|48-6t|dt=\int_0^8(48-6t)dt$$
$$=\left[48t-3t^2\right]_0^8$$
$$=384-192$$
$$=192(\text{m})$$
∴ $a=192$

답 192

04-1

열차가 멈추려면 $v(t)=0$이어야 하므로

$30-5t=0$에서 $t=6$

즉, 제동을 건 후 6초가 지나면 열차는 멈춰서게 되므로 이 열차가 제동을 건 후 멈추기까지 움직이는 거리는

$$\int_0^6 |30-5t|\,dt=\int_0^6 (30-5t)\,dt$$
$$=\left[30t-\frac{5}{2}t^2\right]_0^6$$
$$=180-90$$
$$=90\,(\text{m})$$

따라서 도착 지점 90 m 전부터 제동을 걸어야 한다. **답** ③

04-2

공이 최대 높이에 도달할 때 속도 $v(t)=0$이므로

$20-10t=0$에서 $t=2$

즉, 지면으로부터 공의 최대 높이는

$$50+\int_0^2 (20-10t)\,dt=50+\left[20t-5t^2\right]_0^2$$
$$=50+40-20$$
$$=70\,(\text{m})$$

따라서 지면으로부터의 공의 최대 높이는 70 m이다. **답** ④

대표 유형 **다지기**			본문 53~54쪽	
01 ④	**02** ③	**03** 26	**04** ③	**05** 19
06 ①	**07** 64	**08** 3	**09** −6	**10** 4
11 4	**12** 4	**13** 245	**14** ⑤	**15** ①
16 4				

01

곡선 $y=3x^2-12x$와 x축의 교점의 x좌표는

$3x^2-12x=0$에서

$3x(x-4)=0$

∴ $x=0$ 또는 $x=4$

곡선 $y=3x^2-12x$와 x축으로 둘러싸인 도형은 오른쪽 그림의 색칠된 부분과 같다.

구간 $[0, 4]$에서 $y\le 0$이므로 구하는 넓이는

$$\int_0^4 (-3x^2+12x)\,dx=\left[-x^3+6x^2\right]_0^4$$
$$=-64+96$$
$$=32$$

답 ④

02

곡선 $y=(x+1)(x-1)(x-3)$과 x축의 교점의 x좌표는

$(x+1)(x-1)(x-3)=0$에서

$x=-1$ 또는 $x=1$ 또는 $x=3$

곡선 $y=(x+1)(x-1)(x-3)$과 x축으로 둘러싸인 도형은 다음 그림의 색칠된 부분과 같다.

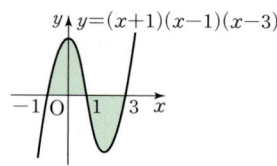

구간 $[-1, 1]$에서 $y\ge 0$이고, 구간 $[1, 3]$에서 $y\le 0$이므로 구하는 넓이는

$$\int_{-1}^1 (x^3-3x^2-x+3)\,dx+\int_1^3 (-x^3+3x^2+x-3)\,dx$$
$$=2\int_0^1 (-3x^2+3)\,dx+\int_1^3 (-x^3+3x^2+x-3)\,dx$$
$$=2\left[-x^3+3x\right]_0^1+\left[-\frac{1}{4}x^4+x^3+\frac{1}{2}x^2-3x\right]_1^3$$
$$=2\times(-1+3)+\left(-\frac{81}{4}+27+\frac{9}{2}-9\right)-\left(-\frac{1}{4}+1+\frac{1}{2}-3\right)$$
$$=8$$

답 ③

03

$y=x^2-4x-5=(x+1)(x-5)$이므로 곡선 $y=x^2-4x-5$와 x축 및 두 직선 $x=1$, $x=2$로 둘러싸인 도형은 오른쪽 그림의 색칠된 부분과 같다.

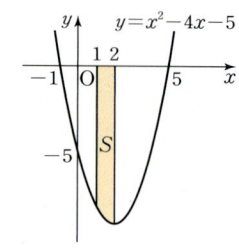

구간 $[1, 2]$에서 $y\le 0$이므로

$$S=\int_1^2 (-x^2+4x+5)\,dx$$
$$=\left[-\frac{1}{3}x^3+2x^2+5x\right]_1^2$$
$$=\left(-\frac{8}{3}+8+10\right)-\left(-\frac{1}{3}+2+5\right)=\frac{26}{3}$$

∴ $3S=3\times\frac{26}{3}=26$ **답** 26

04

$y=\sqrt{x}$에서 $x=y^2$이므로 구하는 넓이는

$$\int_0^1 y^2\,dy=\left[\frac{1}{3}y^3\right]_0^1=\frac{1}{3}$$

답 ③

05

$y=\sqrt{x+4}$에서 $x=y^2-4$이고, $x=0$일 때 $y=2$이다.

따라서 $0\le y\le 2$에서 $x\le 0$이므로

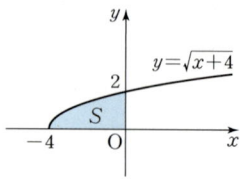

$$S=\int_0^2 (-y^2+4)\,dy$$
$$=\left[-\frac{1}{3}y^3+4y\right]_0^2$$
$$=-\frac{8}{3}+8=\frac{16}{3}$$

따라서 $p=3$, $q=16$이므로

$p+q=3+16=19$ **답** 19

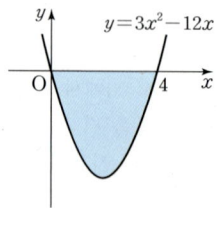

06

곡선 $y=x^3-x$와 직선 $y=x$의 교점의 x좌표는
$x^3-x=x$에서
$x^3-2x=0$, $x(x+\sqrt{2})(x-\sqrt{2})=0$
$\therefore x=-\sqrt{2}$ 또는 $x=0$ 또는 $x=\sqrt{2}$
곡선 $y=x^3-x$와 직선 $y=x$로 둘러싸
인 도형은 오른쪽 그림의 색칠된 부분과
같이 원점에 대하여 대칭이다.

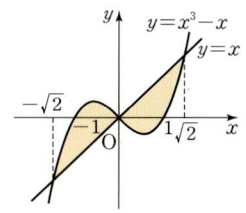

구간 $[-\sqrt{2}, 0]$에서 $x^3-x\ge x$이고,
구간 $[0, \sqrt{2}]$에서 $x^3-x\le x$이므로
구하는 넓이는

$$\int_{-\sqrt{2}}^{0}\{(x^3-x)-x\}dx+\int_{0}^{\sqrt{2}}\{x-(x^3-x)\}dx$$
$$=2\int_{0}^{\sqrt{2}}\{x-(x^3-x)\}dx$$
$$=2\int_{0}^{\sqrt{2}}(-x^3+2x)dx$$
$$=2\left[-\frac{1}{4}x^4+x^2\right]_{0}^{\sqrt{2}}$$
$$=2\times(-1+2)=2$$

답 ①

07

곡선 $y=x^3+2x^2-x-2$와 직선 $y=3x+6$의 교점의 x좌표는
$x^3+2x^2-x-2=3x+6$에서
$x^3+2x^2-4x-8=0$
$(x+2)^2(x-2)=0$
$\therefore x=-2$ 또는 $x=2$
곡선 $y=x^3+2x^2-x-2$와 직선
$y=3x+6$으로 둘러싸인 도형은
오른쪽 그림의 색칠된 부분과 같
다.

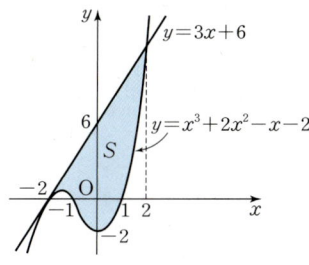

구간 $[-2, 2]$에서
$x^3+2x^2-x-2\le 3x+6$이므로
$$S=\int_{-2}^{2}\{(3x+6)-(x^3+2x^2-x-2)\}dx$$
$$=\int_{-2}^{2}(-x^3-2x^2+4x+8)dx$$
$$=2\int_{0}^{2}(-2x^2+8)dx$$
$$=2\left[-\frac{2}{3}x^3+8x\right]_{0}^{2}$$
$$=2\times\left(-\frac{16}{3}+16\right)=\frac{64}{3}$$
$$\therefore 3S=3\times\frac{64}{3}=64$$

답 64

08

두 곡선 $y=x^2-2x$, $y=x^3-2x^2$의 교점의 x좌표는
$x^2-2x=x^3-2x^2$에서
$x^3-3x^2+2x=0$
$x(x-1)(x-2)=0$
$\therefore x=0$ 또는 $x=1$ 또는 $x=2$

두 곡선 $y=x^2-2x$, $y=x^3-2x^2$으로
둘러싸인 도형은 오른쪽 그림의 색칠
된 부분과 같다.

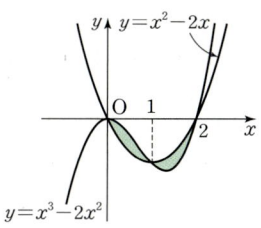

구간 $[0, 1]$에서
$x^2-2x\le x^3-2x^2$이고,
구간 $[1, 2]$에서
$x^2-2x\ge x^3-2x^2$이므로
$$S=\int_{0}^{1}\{(x^3-2x^2)-(x^2-2x)\}dx$$
$$+\int_{1}^{2}\{(x^2-2x)-(x^3-2x^2)\}dx$$
$$=\int_{0}^{1}(x^3-3x^2+2x)dx+\int_{1}^{2}(-x^3+3x^2-2x)dx$$
$$=\left[\frac{1}{4}x^4-x^3+x^2\right]_{0}^{1}+\left[-\frac{1}{4}x^4+x^3-x^2\right]_{1}^{2}$$
$$=\left(\frac{1}{4}-1+1\right)+(-4+8-4)-\left(-\frac{1}{4}+1-1\right)$$
$$=\frac{1}{2}$$

따라서 $p=2$, $q=1$이므로 $p+q=3$

답 3

09

주어진 그림에서 $\int_{-6}^{0}\{f(x)-g(x)\}dx=-9$,

$\int_{0}^{6}\{f(x)-g(x)\}dx=7$,

$\int_{6}^{9}\{f(x)-g(x)\}dx=-4$이므로

$\int_{-6}^{9}\{f(x)-g(x)\}dx=-9+7-4=-6$

답 -6

10

두 곡선 $y=x^2-2ax$, $y=-2x^2+ax$의 교점의 x좌표는
$x^2-2ax=-2x^2+ax$에서
$3x(x-a)=0$
$\therefore x=0$ 또는 $x=a$ (단, $a>0$)
두 곡선 $y=x^2-2ax$, $y=-2x^2+ax$로
둘러싸인 도형은 오른쪽 그림의 색칠된
부분과 같다.

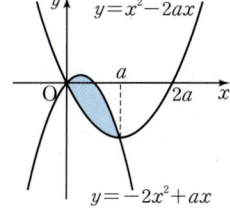

구간 $[0, a]$에서 $-2x^2+ax\ge x^2-2ax$이
므로 색칠된 부분의 넓이를 S라 하면
$$S=\int_{0}^{a}\{(-2x^2+ax)-(x^2-2ax)\}dx$$
$$=\int_{0}^{a}(-3x^2+3ax)dx$$
$$=\left[-x^3+\frac{3}{2}ax^2\right]_{0}^{a}$$
$$=-a^3+\frac{3}{2}a^3=\frac{1}{2}a^3$$

조건에서 $S=32$이므로 $\frac{1}{2}a^3=32$에서

$a^3=64$ $\therefore a=4$ $(\because a>0)$

답 4

11

$y=x^2+1$에서 $y'=2x$이므로
곡선 위의 점 $(1, 2)$에서의 접선의
방정식은
$y-2=2(x-1)$ $\therefore y=2x$
구간 $[0, 1]$에서 $x^2+1 \geq 2x$이므로

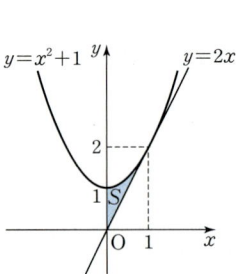

$$S=\int_0^1 (x^2+1-2x)dx$$
$$=\int_0^1 (x^2-2x+1)dx$$
$$=\left[\frac{1}{3}x^3-x^2+x\right]_0^1$$
$$=\frac{1}{3}-1+1=\frac{1}{3}$$
$$\therefore 12S=12\times\frac{1}{3}=4$$

답 4

12

$A=B$이므로

$$\int_0^1 (x-x^2-mx)dx=0$$

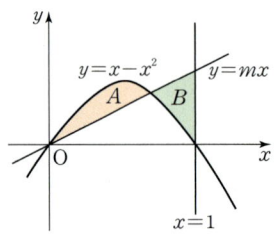

$$\int_0^1 (x-x^2-mx)dx$$
$$=\left[\frac{1}{2}x^2-\frac{1}{3}x^3-\frac{1}{2}mx^2\right]_0^1$$
$$=\frac{1}{6}-\frac{1}{2}m=0$$
$$\therefore m=\frac{1}{3}$$
$$\therefore 12m=12\times\frac{1}{3}=4$$

답 4

13

최고점에서의 공의 속도 $v(t)$는 $v(t)=0$이므로
$49-9.8t=0$에서 $t=5$
따라서 공을 던진 후 10초가 지났을 때까지 공이 움직인 거리는

$$\int_0^{10} |49-9.8t|\,dt$$
$$=\int_0^5 (49-9.8t)dt+\int_5^{10} (-49+9.8t)dt$$
$$=\left[49t-4.9t^2\right]_0^5+\left[-49t+4.9t^2\right]_5^{10}$$
$$=(245-122.5)+(-490+490)-(-245+122.5)$$
$$=245\,(\mathrm{m})$$
$$\therefore a=245$$

답 245

14

점 P가 처음 원점을 출발하던 방향과 반대 방향으로 이동한 시간
은 $v(t) \leq 0$에서
$t^2-5t+4 \leq 0$, $(t-1)(t-4) \leq 0$
$\therefore 1 \leq t \leq 4$
따라서 처음 원점을 출발하던 방향과 반대 방향으로 이동한 거리는

$$\int_1^4 |t^2-5t+4|\,dt$$
$$=\int_1^4 (-t^2+5t-4)dt$$
$$=\left[-\frac{1}{3}t^3+\frac{5}{2}t^2-4t\right]_1^4$$
$$=\left(-\frac{64}{3}+40-16\right)-\left(-\frac{1}{3}+\frac{5}{2}-4\right)$$
$$=\frac{9}{2}$$

답 ⑤

15

$v(t)=0$에서 $3t^2-12t=0$, $3t(t-4)=0$
$\therefore t=0$ 또는 $t=4$
즉, 점 P는 출발 후 $t=4$까지 음의 방향으로 움직이다가 $t=4$에서
$t=5$까지 양의 방향으로 움직이므로 점 P는 $t=4$일 때 원점에서
가장 멀리 떨어져 있다.
따라서 $t=0$에서 $t=4$까지 점 P가 움직인 거리는

$$\int_0^4 |v(t)|\,dt=\int_0^4 |3t^2-12t|\,dt$$
$$=\int_0^4 (-3t^2+12t)dt$$
$$=\left[-t^3+6t^2\right]_0^4$$
$$=-64+96=32$$

답 ①

16

$v(t)=\begin{cases} t & (0 \leq t < 2) \\ 4-t & (t \geq 2) \end{cases}$ 이므로 점 P가 원점을 출발한 후 4초
동안 움직인 거리는

$$\int_0^4 |v(t)|\,dt$$
$$=\int_0^2 |t|\,dt+\int_2^4 |4-t|\,dt$$
$$=\int_0^2 t\,dt+\int_2^4 (4-t)dt$$
$$=\left[\frac{1}{2}t^2\right]_0^2+\left[4t-\frac{1}{2}t^2\right]_2^4$$
$$=2+\{(16-8)-(8-2)\}=4$$

▶ **다른 풀이**

점 P가 원점을 출발한 후 4초 동안 움직인 거리는 구간 $[0, 4]$에서
주어진 그래프와 x축 사이의 넓이이므로
$$\frac{1}{2}\times 4 \times 2=4$$

답 4

Memo

Memo

PROJECT
531

수학을 쉽게

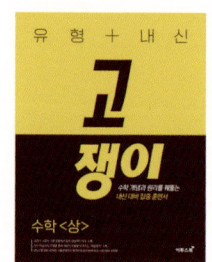